U0532564

当在意他人的看法，
就容易讨好别人，委屈自己，
请试着寻找自己想做的事，
并为之全力以赴，
因为这是属于你的人生。

别想太多啦

在复杂的世界里,做一个简单的人

[日]名取芳彦 著

范宏涛 译

天津出版传媒集团

天津人民出版社

图书在版编目（CIP）数据

别想太多啦 /（日）名取芳彦著；范宏涛译. -- 天津：天津人民出版社, 2021.1（2023.4重印）
ISBN 978-7-201-16847-0

Ⅰ. ①别… Ⅱ. ①名… ②范… Ⅲ. ①人生哲学－通俗读物 Ⅳ. ①B821-49

中国版本图书馆CIP数据核字(2020)第245520号
中国版权保护中心外国图书合同登记号 02-2020-373

KI NI SHI NAI RENSHU　FUAN IKARI BONNO WO "HONEN" SURU HINT
Copyright　Hougen Natori 2014
Chinese translation rights in simplified characters arranged with Mikasa-Shobo Publishers Co., Ltd.
through Japan UNI Agency, Inc., Tokyo

别想太多啦
BIEXIANG TAIDUO LA

（日）名取芳彦　著　范宏涛　译

出　　版	天津人民出版社
出 版 人	刘　庆
地　　址	天津市和平区西康路35号康岳大厦
邮政编码	300051
邮购电话	（022）23332469
电子信箱	reader@tjrmcbs.com

责任编辑	玮丽斯
监　　制	黄　利　万　夏
特约编辑	张久越
营销支持	曹莉丽
版权支持	王秀荣
装帧设计	紫图装帧

制版印刷	天津中印联印务有限公司
经　　销	新华书店
开　　本	889毫米×1230毫米　1/32
印　　张	7.5
字　　数	90千字
版次印次	2021年1月第1版　2023年4月第3次印刷
定　　价	49.90元

版权所有　侵权必究
图书如出现印装质量问题，请致电联系调换（022-23332469）

序言

如何成为一个不在意的人

如果一个人心中装着烦恼,不可能说忘就忘。要劝慰一个在意某事的人放下,有点强人所难。

在意某事的感觉真实存在,即使心里想停止也无能为力。如果劝解他,得到的回答大多是:"也许每个人在意的程度不一样吧。"有的人还会认为,这是不知内情、事不关己的风凉话。

本书对我自己和身边人的亲身经历进行说明,希望大家不会再被"在意"束缚。

我们就像摄像师,对于人生发生的很多情况,只选取部分画面拍摄。

比如，运动会赛场上，我们选择拍摄的对象可能是赛跑前紧张的孩子，也可能是奋力奔跑的孩子，或是获得第一名脸上洋溢着快乐的孩子，或是屈居亚军心有不甘的孩子，或是那些热心喊加油的孩子。

无论哪种情况，不同的人会拍摄出不同的画面。

所以，有的人对于原本不必在意的画面按下了快门。有的人记录下可怜的自己，有的人拍下了自己的愤怒，有的人在委屈的时刻按下快门、愤恨不已，有的人怀念过去幸福的自己而感叹现在不幸的处境。

这样把不该在意的事情留在心底，就变成了烦恼。

人这一生，有些美好应该留在记忆深处，而有些事情应该忘掉。

也就是说，应该在意的事情就珍惜，不应该在意的事尽早放下。

哪些是应该放在心上的事呢？是那些提升自己也让他人安心的事，这样你才能向更好的方向发展。

如果有助于改善现状，就要用心对待。

最好放下的事，是即便在意也无法提升自己，甚至还会使自己陷入悲惨境地的事。

应该放下的事，是无论自己怎么做也无法改变的事。

我们往往没有好好对待应该关心或关注的事情，却常常对不应在意的事情倾注心力。

这都是因为选择了错误的拍摄镜头。

本书从不同的视角出发，重新看待那些让人伤心的镜头，告诉大家今后面对类似的状况，应该把焦点对准哪里。

希望本书让读者的心境变得开阔，心平气和地迎接每一天。

名取芳彦

目 录

第一章
练习钝感力

- 002　只要不作恶，你就是个好人
- 004　人生是教给我"适度"的老师
- 006　别人如何看自己是"对方的问题"
- 008　不要在意"大家都这么说"
- 010　不说坏话，不听恶语
- 012　帮忙和善心，完成就好
- 014　早发生摩擦是一件好事
- 016　我常常被称为"傻瓜"
- 018　即使失败了，又能怎样
- 020　"自然体"的人，获得的结果最理想
- 022　忍耐分为两种
- 024　一句"原来如此"，就能让人轻松许多
- 026　退一步，并不难

- 028　对于别人的唠叨，说"谢谢你的好意"
- 030　赋予何种意义在于自己
- 032　不知道就坦言"不知道"
- 034　世间之事未必按你的想法发展

2 | 第二章
你想太多了

- 038　人生没有胜负
- 040　为什么想被赞美
- 042　"请理解我"的愿望会缩小自己的气量
- 044　幸福并非拥有什么，关键要认清幸福
- 046　遭遇"背叛"并不稀奇
- 048　与他人比较，若自己高兴会伤人，若悲伤会失去自我
- 050　别人抢功劳，也不会影响你的价值
- 052　想为别人做点什么是很伟大的
- 054　世间大部分人既非敌人，亦非朋友
- 056　"别人是别人，自己是自己"的思维陷阱
- 058　试着从"不拥有"中获得乐趣

060　有余力的时候，就去帮别人

062　你忙的时候，大家也很忙

064　做好事，不必让别人知道

066　丢东西之前，先丢掉执念

068　离别的时刻一定会到来

070　你我都拥有无限的可能

072　试着远离大道理

074　不要戴着有色眼镜看人

3 第三章
心情忧郁时这么想

078　经历多次失败后，更能理解他人

080　负面情绪任它来，任它去

082　你可以让别人失望

084　如何减少负能量

086　身老，心不老

088　成为料理人生的高手

090　不要说心里没有的事

092	顺境也好，逆境也好
094	"迟钝、慢性子、笨拙"不行吗
096	别人批评你时，可以这样想
098	没有必要急于改变自己
100	用小欲之锄和知足之锹耕种心田
102	遇事绝不可为难自己
104	孤独是好的，但不可以孤立
106	要意识到一个人的力量有限
108	机遇伴随危机而来
110	现在的你就很好

4 第四章
不比较、不苛责、不拖延

114	不是"你不如人"，而是还有改进的空间
116	世间存在四种人
118	麻烦是相互的
120	执着于得失，反而损失更多
122	被别人讨厌，你的感受如何

- 124 在意别人的眼光前应该做的事
- 126 每个人都习惯以自我为中心
- 128 "无所事事"的日子才是最棒的
- 130 你能为别人的成功喝彩吗
- 132 找到生气的开关
- 134 如果遇到令你羡慕的人
- 136 不要想"这是我的东西"
- 138 嫉妒是因为"现在的自己不幸福"
- 140 争吵其实毫无意义
- 142 不要自满和自夸
- 144 人生顺利的秘诀不是金钱,而是人格

5 | 第五章
让人生变简单的秘诀

- 148 与人交流依靠感觉,而非思考
- 150 说话的基本是诚实
- 152 表达意见时,注意表达的顺序
- 154 夜晚,请安静地度过

156　减少好恶感的秘诀

158　用心生活，需要锻炼爱的能力

160　了解"对金钱没有安全感"的本质

162　面对信息，不要"暴饮暴食"

164　帮不上大忙，小小的支援也很好

166　遇到难相处的人，保持内心的距离

168　电话、微信、社交网站只是沟通工具

170　少说"可是、不过、然而"这些否定表达

172　处理感情和表情的方式

174　简朴的生活更轻松自在

176　不要承诺自己做不到的事

178　无须非要分出是非黑白

180　换个说法，就能改变人际关系

182　来自"失恋名人"的劝告

6 第六章
好好活在此时、此地

186　现在的选择影响未来的生活

188	没有一天是白白度过的
190	闷闷不乐也不会改变结果
192	轮到你上场的那天总会到来
194	探寻乐趣与好东西
196	成为一只"成熟"的变色龙
198	赶流行不是坏事,只是……
200	夫妻和睦的秘诀在于"共同经历"
202	早点发现"上了年纪"的好处
204	做自己认为对的事情
206	人生的"预防医学"
208	不管好事还是坏事,总有一天会结束
210	每个人都是值得尊敬的"作品"
212	如何面对与重要的人分别
214	不要妄想将来
216	中国古典中的"失败学"
218	不在意并非"不关心"

第一章
练习钝感力

只要不作恶,你就是个好人

我们从小被教育要做个好人,我认为"无论何时,不管遇到何事,都要努力让自己的内心变得安宁"就可以。

努力让自己内心变得平静,不在意小事,在生活中具体该怎么做呢?

在生活中,存在一些人们普遍认可的道德约束法则,让人们尽量不去做糟糕的事,比如胡乱杀生、偷盗东西、不正当的男女关系、说谎、油腔滑调、粗言秽语、说人坏话、吝啬、动怒、观点错误。这些不是告诉我们为了内心安稳要去做什么,而是从反向出发,让人们知道不做什么比较好。

人生只要尽可能远离恶事就可以了。换句话说,"只要不作恶,你就是好人"。

从小被教育"做个好孩子"的人,有可能到了叛逆期反而变成坏孩子。

好孩子与坏孩子,这样的评价容易让人失去自我,无法平静地生活。

因此,我们要跳出好人、坏人这样二元对立的价值观,以追求内心平静为生活目标。这样一来,心情晴朗的日子会越来越多。

人生是教给我"适度"的老师

当你问"把这个东西放在哪里",对方可能会说"只要放在合适的位置就可以"。

对此,千万不要解读为"放在哪里都没关系",而是要明白对方是希望你"根据自己的判断,放在适当的地方"。因此,学会判断很重要。如果懂得这一点,别人就会认为你处事得当。

对于"您要出去吗,去哪里",最合适的回答应该是"是啊,我出去一下"。有的人可能会生气,觉得"不是应该说明目的地吗",其实完全没有必要动怒。因为对方并非想询问你去哪里,只是想看到你精神抖擞、心情愉悦,所以想要和你打招呼。我认为这是一种温暖的交流。不过,在公司里面这样回答可行不通。

日光东照宫的阳明门,所有的柱子都和树木生长的方向相同,只有一根柱子上下颠倒。对于这一特殊之处,导游解说道："如果太整齐，妖怪就会进入，因此才这样做。"

从导游的解说中，我们感受到过于牢固的东西中，似乎隐含着某种危险性。

许多人或事物精准到丝毫不差，出一点差错可能就会引发全面"崩溃"。因此，某种程度的"适度"反而强大，也正因为这种强大，才能做到"适度"。

另外，我听说马戏团的小丑，在"适度"的把握方面堪称代表，能成为最富有开场经验的人。不掌握危险的技术，就不能成为真正的名角。

由此可见，适度有两种含义：一种是得过且过、马马虎虎，另一种是恰到好处。如果得过且过的人能够精进一步，就有可能获得周围人的赞许。相反，本身认真努力的人，也要学会适度松弛。

什么时候适度，什么时候适度不可取？

人生漫漫，它是教会我们如何"适度"的老师。

别人如何看自己是"对方的问题"

人与人交往时，总想知道对方的心情。如果有人问我"你对我怎么看"，我会微笑着告诉对方："这样的事最好不要问，也是为了您自己。如果我说不喜欢你，您会做何感想？"

恋人之间或人气艺人姑且不谈，就算是普通朋友，有的人也会特别在意别人对自己的看法。我觉得原因就在想听别人说自己好，不想让人觉得自己不好。

没有人想被别人讨厌。然而，别人怎么看待你是别人的事，我们无法控制别人的心。

为了控制别人对自己的看法，就容易过度讨好，委屈自己，甚至以可爱幽默的姿态赢取别人的欢心。结果只会令自己身心俱疲。

在上中学之前，我就是这样。当时，除了学习外没有特别感兴趣的事，唯一认为有意义的，就是成为一个别人眼里的好人，一个有趣的人。

长大后，当我找到有意义的生活方式后，就不再努力避免被别人讨厌，也不再努力讨人喜欢。因为比起别人的评价，我更在意自己对所做的事情是否满意。

现在，我几乎不怎么在意别人对我的看法。当然，我也能察觉到别人对我的看法，但内心不会受到影响。因此，我不必猜测那个人喜欢还是讨厌我。

不讨厌就是喜欢，不喜欢就是讨厌，必须在喜欢和讨厌中择一的二元式思维方式，会使人生观变得僵化。

极度在意别人看法的人，请试着寻找自己想做的事情，并为之努力吧。

不要在意"大家都这么说"

我以前很在意别人的评价。得到夸奖时兴高采烈,受到批评时垂头丧气。我还告诉家人朋友:"哪怕说谎,也请表扬我。"有句格言说:"被夸奖的猪能上树,被夸奖的和尚会跳舞。"

我有个朋友自称"情报通",四处打电话,发短信,谈论各种各样的话题,搜集各种信息。他对这些信息不进行分析,就大肆宣传"这些信息只有我知道",并传达给别人。

他人本身不坏,只是有时令人感觉困扰。他有一句口头禅是"大家都这么说"。

当他夸奖我"大家都说您最近的演讲非常精彩",我听后心情雀跃。但是,当他批评我"上个月的博客内容有点过激"时,我便坐立不安,慌忙修改或删除文字内容。

一想到"流言蜚语"，我渐渐慎重起来。有一天，我略带担心地问另一个朋友，对方回答说："什么，有那种说法吗？据我所知，谁也没说过那种话。"后来，我意识到"情报通"所说的"大家"，并不代表全部的人。

于是有一天，我对这个朋友所说的"大家都称赞我"进行了反驳："您说的'大家'，具体是谁呢？"当他回答说"××和××说的"后，我继续问："就这两个人吗？两个人这么说，并不代表大家都这样认为呀。"总之，我之前就是被这样的话"愚弄"了。顺便说一句，"大家都这么说"中的"大家"，往往只有两三个人。

无论是"大家都说"还是"一个人说"，应该听的事我会认真听；对于"大家都这么说"，我则不那么在意了。

因此，我平静度过的日子越来越多。

"大家都这么说"，实际上是想让大家在意自己。即使他不是"情报通"，也要装作"大家"的代言人，其实只有他说过。没有必要回避责任，也没有必要用全体来声援自己的主张。

不说坏话，不听恶语

在日剧中，有句台词很流行："你是要在这里种松杉的人。"

想让松枝变得好看，想让杉树长成可用的木材，需要数十年。

松杉不像蒲公英随风飘动，落到哪里就在哪里发芽。"种松杉的人"常用来比喻一生都在同一地方、处于某种境遇的人。

剧中说这句话的人，是想告诉尚未在这片土地居住过的人：因为你要在这里种松杉，所以你不能说这片土地上的人的坏话。如果说了，别人可能会讨厌你。这是一种巧妙的劝言。

如果说生活在同一个环境中的人的坏话，自己的处境也会变得艰难。住在同一栋公寓、同一个小区，或是同一家公司的同事，社交网站的朋友，都相当于在同一个环境种植松杉的人。因此，只要身处同一个共同体中，就应该意识到自己是种松杉的人。

否则，我们的处境会变得糟糕。说别人的坏话短时间内可以泄一时之愤，但事后心情可能无法平静。

在A面前说B坏话，在B面前又说A不好。这样，我们可能会被孤立，让自己没有容身之地，就像蒙克的画作《呐喊》一样。别人说了你坏话，也不必在意，但我们要注意不要说别人的坏话，这样就能轻松地生活下去。

此外，要学会不听坏话。开头所说的"因为你是要在这里种松杉的人，所以你不能说这片土地上人的坏话"，其实也在提示别人不要听坏话。如果有人向你说别人的坏话，你不妨这么说："请等一下，我是要在这里种松杉的人。等我离开后，您再说。"

说完这句话，他会说你坏话吗？对于那种说坏话的人，我们不必在意。

帮忙和善心，完成就好

一个人让自己幸福的美德，分别为不求回报地帮助他人、对人使用温暖的爱语、为大众的利益去行动做事、站在他人的立场上考虑问题。

其中，帮助他人是幸福的要素。

不管是帮助者还是被帮助者，最好不要刻意为之。也就是说，帮助者不要想着帮助是给予，被帮助者也不要觉得帮助是获取。甚至帮助什么、被帮助什么，都不要在意。这一点，其实很难做到。

无意识帮助就是帮助时无意识，帮助后想不起来。如果想太多，那就不是帮助。

帮助别人或者对别人好，也存在令人困扰的地方。比如，别人帮了你或者你得到别人的关心，过了一段时间你听到那人说"我帮了他，他却说……"，你听到后内心应该难以平静吧。

反过来你帮了别人也一样。过了一段时间，你说出"我帮了他，然后他却……"这样的话，其实是期待对方感谢你的帮助。

帮忙和好心，原本是一种不求回报的行为。

因此，"一直做下去""一直做下去"就可以了。这样就心满意足了，是高尚的行为。能够帮助别人，善待别人，是生而为人非常了不起的事情。为了提升这种内心的美好，让我们帮助完就忘记吧。

早发生摩擦是一件好事

每个人都有自己做事的方式、方法和原则。

有的人衣橱最上面的抽屉放什么，第二层放什么都有规划。晚饭时先喝啤酒，也有人把它当作自己的原则。

我在写收信人姓名的时候，首先在中间写上"某某先生（女士）"，确定好平衡位置再写上住址。然而在年轻的时候，我很多次将住址、姓名全部写在右侧，就像被海浪拍打的羊栖菜一般难看。

自己所遵循的方式，是现在依然得心应手且可靠的。至少到现在为止，还没有出现过什么问题，因此比较放心。有时甚至觉得这种方式是最好的，认为它具有普遍性。其实，自己的方式并非放之四海而皆准，由于生长环境、经验不同，采取的方式、规则也不同。

普通企业的员工与公务员的做事方式当然不同；经验丰富的上司与新手，做同一件事也会采取不同的方式。有的人的座右铭是"今日之事不要放到明天做"；而有的人厌倦忙碌的生活，像我就信奉"今天不去做明天的事"。

婆媳争吵、夫妻吵架，都是因为生活方式不同引起的。自己的方式使用时非常顺利，一旦强加给做事方式不同的人，就容易产生摩擦。

因此，早发生摩擦是好事，没必要因担心引起矛盾而一直忍耐。从一开始就各自主张自己的方式，日后为了事情顺利地进行下去，慢慢磨合就好。

你是这么想的，我是那样想的，那我们一起思考一下在哪方面可以相互妥协。如果我觉得你的方式好，就按照你的方式去做。这就是舒心生活的关键。

在一个镇上，如果所有人都将自己的方式强加给别人，我肯定不想住在那里。为了不成为那样的人，我们试着用笑容寻找各自都能接受的处事方式吧。

我常常被称为"傻瓜"

一次酒过三巡后,我日常的丑态原形毕露,同样酩酊大醉的一位大叔说:"原来,你竟然是个傻瓜"。

周围的人都目瞪口呆,因为他们觉得他在公众面前对我说这样的话太为失礼。我反而告诉那位大叔"谢谢您夸奖我"。大叔接着说"您说什么啊,这可不是赞美"。我坦言"不,我就是一个傻瓜"。"是嘛……",对方满脸不解,我继续说:"我这傻瓜'傻',是永不气馁、坚持到底"。说完,我哈哈大笑。"原来如此,这才是傻瓜的精髓呀"大叔笑着说,周围的人也不禁大笑起来。

不仅仅是"傻瓜",我还被一些同行称为"笨蛋",因为我经常无偿参与各种社会活动,甚至连留给自己的时间都没有。

有的人觉得"傻"并不好,但对我来说却是褒义词。在关西地区,"傻"甚至被认为是"白痴"。

当你被别人认为是傻瓜时，你大可微笑地说"傻瓜也很好，不是傻瓜还做不到呢"。认为自己是在做一般人做不到的事，这样就足够了。

我比较喜欢那些经历了很多次失败，依然笑着说自己是像傻瓜一样的人。

这里的"像"，实际上从心底不认为自己是傻瓜，也不认为自己失败。

但是，既然失败了，就大大方方承认自己的不足。那种失败的时候敢于说出"我努力做完了，只是结果有点糟糕"的人，倒是让人觉得很爽快。

如果你在意别人说"你是傻瓜吗"，你不妨回应对方："是啊，我是傻瓜。很多事情，不是傻瓜还办不到呢"。

即使失败了，又能怎样

我写这节是为了再次确认人生美好的事情。

出生，无论怎样看待都是积极向前的画面。在诞生过程中，我们被向前的力量推动着，经产道呱呱坠地。出生之后的所见所闻所嗅所触所尝，一切都是人生第一次的体验。所以，对任何事情都感兴趣，充满好奇。

从嗜睡状态到牙牙学语，从蹒跚学步到独自走路。每个动作的重复，都包含着跌倒再爬起来的勇气。进入幼儿园和小学，第一次挑战集体生活。可以说，成长过程中我们一直不断面临新的挑战。

我们学习未知的领域，查阅、储备新知识。这些丰富的知识，总有一天会派上用场。

交了朋友后，我们不仅从朋友那里获得帮助，自己也会帮助他们。朋友能让快乐倍增，痛苦减半。

从孩提时代起,我们就怀着关于工作、家庭、财产等的梦想。梦想指引着我们前行,未来无人能预知,就像草原一样广阔无垠。

从出生起,每年都会增岁,今年看到的景色,也是这一岁第一次看到。昨天的自己和今天的自己,当然也不同。昨天的经历和得到的信息,是前天的自己尚未接触的。所以,我们的心也在不断变化。崭新的自己,每天都在更新。

有读者会问:"你能将积极的状态保持到什么时候?"我总是让心保持一种积极向上的状态,这样更容易处理将要面对的问题。即使这样,我也会在意一些小事,令心情变得糟糕。

但是,只要明白上述道理,就能重新享受人生的美好。即使失败,我们仍然可以从头再来。

只要保持好奇心与挑战精神,储备知识、朋友、梦想,永远保持第一次的心情,展现在眼前的人生就会像绿色的草原一样广阔而新鲜。

"自然体"的人，获得的结果最理想

"自然体"是柔道用语，是最适合攻击和防御的姿势。这个词用于一般情况，表示不抱有任何设想，没有先入为主观念的境界。精神方面的自然体，也适用于应对生活中的攻击和防御。

工作、恋爱中人生最好的状态，就是不刻意、不用力、不抱先入为主观念的自然状态。该来的自然会来，不必过分在意，过于用力反而会让人筋疲力尽。

结果还没到来，就放松心情。如果想达成某个目标，出现意料之外的事情，就会惊慌失措。当自己的设想与现实有差距时，就难以应对。

以工作为例，你认为自己接下来会被安排某项任务，结果却是安排别人去做。当你像个泄了气的皮球，上司可能会安排给你新的工作。为约会精心准备，却被临时放了鸽子。经历几次后，也有可能被其他人表白。

遵循"自然体"的人往往能够随机应变，而结果往往是最好的。那么，怎样才能做到"自然体"呢？我觉得消除刻意和用力最佳的方法是，在明亮的房间中，让自己平心静气地度过一段时间。急躁的内心渐渐舒缓，就接近"自然体"的状态了。这样不仅能放松精神，也能治愈心灵。

另外，即便做好了准备，事情也不一定按照我们设想的发展，一切都在变化之中。如果出现一些意外变化，之前的预想也无法解决问题。所以，不妨从一开始就抱着准备好也无济于事的心理准备。

先入为主的观念也是一样。自己的想法只是看到现实的一个侧面，所以内心难以平静。面对问题，不同的人有不同的反应。"在池塘边的旅馆里拍手，鸟儿以为是狩猎者而惊逃，鲤鱼以为被投食而聚集，女佣以为客人要喝茶。"在日常生活中，不妨打开内心的天线，自然地迎接、应对各种变化。

无论发生任何事情，都能妥善应对的就是自然体的人。什么事情都应对不了，往往是我行我素的人。大家觉得呢？

忍耐分为两种

你的房间或者办公室是否有鲜花装饰？不管是盆栽还是插花，只要有花存在，人就心情愉悦。

在印度，为了招待客人，人们将花放在篮子里，把花篮挂在柱子或墙上。

花令人赏心悦目。人欣赏花的美丽，在目之可及的地方用花装饰，用于待客。

最初人们只是觉得花漂亮，将其用于装饰，后来花被赋予各种意义。比如，漂亮的花使人心情愉悦；看到花，人的怒气会消散，待人温和。有的花不畏寒暑竞相开放，我们也向花学会了忍耐。有时，我会向别人分享花在自我忍耐方面的特性。

忍耐分为两种：一种是想做的事但是忍耐不去做，另一种情况是不想做的事但不得不做。

在儿童时期就被要求忍耐的人，在成长的过程中会认为忍耐是扼杀自己自由的压力。

对这些人来说，他们觉得"不必忍耐"这类自我启发的话正合他们心意。然而，世间的事并非那么简单。

忍耐还有一个重要方面，就是没有目标就无法忍耐。反之，如果有目标，就能毫不在意地忍耐下来。

如果孩子们明白"为了实现目标，有些事不能忍耐，有些事必须忍耐"，他们就不会感到忍耐带来的压力，从而更好地提升自己。

因自我强迫而感到巨大压力的人，希望你们能学会从容地忍耐。

一句"原来如此",就能让人轻松许多

经常有人向我倾诉烦恼,所以听别人说话对我来说至关重要。很多人说:"能与人说说心里话,心情就会轻松不少。"

这是因为把藏在心里的困扰与大家分享,会产生一种安心感。

其实,我并不擅长认真倾听(可能是因为我喜欢说教)。有位年长的阿姨说:"我儿媳的弟弟是个银行职员……"她的话让我感觉莫名其妙,因为她说这话的前提是认为我知道。我明明是第一次听说,她为什么觉得我就知道呢?如果对话这么突兀,听话一方想说或想听的意愿就会大打折扣。

我常常需要听别人倾诉。无论如何,我都愿意了解对方真正想表达什么。

如果是闲聊的话,可以开开玩笑,享受谈话的乐趣。

如果是商议，就要详细了解情况，不懂的地方及时询问，从谈话中知道对方想要表达什么。

如果是发牢骚，那我就做一个真诚的倾听者。一个人满腹牢骚地说别人的坏话，只听片面之词难以判断对错，所以听者最好不要发表过多的看法。

假如A、B、C三人是朋友，B与A争吵之后向C抱怨，而C与B无意中说了A的坏话，那就容易产生不必要的麻烦。当A和B和好后，B可能会告诉A"C说你这个人不好"，这是常有的事。这样的话，C将会陷入尴尬的处境。

发牢骚的人，往往也承认自己并非想寻找解决方案。因此，听完对方的抱怨，最后说一句"原来如此"就可以了，对方也会感觉豁然开朗。

当我想发牢骚的时候，我就会拜托对方："我现在要发牢骚了，您听到最后只要说一句'原来如此，我理解你的心情'就可以了。"

退一步，并不难

我们第一次得知有人和自己的想法并不一致，应该是在孩提时代。有句话可以充分体现这一点："做父亲的，想说的话会说清楚；做母亲的，想说的话不会直接说出口。做长子的，不喜欢就说不喜欢；做次子的，不喜欢也会忍耐着不说。"

在家庭中，每个人有各自的价值观。放眼世界，价值观更是多种多样。有的价值观自己认同，有的价值观自己不认同；有的价值观根本没听过，有的价值观甚至令人不齿。虽然我们知道每个人都不同，但做不到每次都游刃有余地应对不同的价值观。

比较难应对的是，与自己的价值观相反的，这往往会扰乱我们内心的平静。自己坚信的价值观，说它等同于信仰也不为过。

我觉得保持一颗平常心最为重要。可能有的人觉得人生短暂，顺其自然地过日子这种想法并不可取，人生分出胜负才有意思。还有的人只追求快乐，得过且过。

拿炒股来说，有的人认为"炒股的人内心无法安稳"，有的人认为"股票就是低买高售，想想都有意思"，也有的人妄想着"通过股票赚钱的人，分点钱给我吧"。如果讨论起来，那将没有尽头。

明白这个道理后，我愿意在表明自己的价值观前，先试图理解别人。比如，我会说："啊，原来还有这样的想法。"以表示理解对方。比起强调自己的价值观，我更注重内心的平静。

然而，人们容易将"理解"视为"同意"。有的人会说"如果你理解我的话，为什么你不按我说的去做"，因而生气。

实际上，"理解"与"同意"并不是一回事。我认为"理解"就是告诉对方"啊，原来有这样的想法"。以这样的态度，面对日常生活中出现的不同价值观，或许就能轻松应对。

对于别人的唠叨,说"谢谢你的好意"

在听相声专场或演讲时,观众云集,这时如果旁边的人与你搭话,不管说什么,你都会觉得"唠叨"。比如,相声演员登场时,旁边的人低声说:"那个演员在昨天的综艺节目中出现过。"或者说:"那个女演员和某个演员正在交往。"就这样,你错过了重要的台词。听到演讲的话题,忍不住告诉旁边的人:"这次的话题,我们家亲戚也说过。"或者:"这个话题,广播里也播放过。"导致别人无法认真听演讲的内容。

这样的人可能会在背包里放润喉糖,喜欢分给大家。到了饭店,他可能会说:"这个很好吃,你尝尝。"并将自己的食物硬分给你。有的人还会说:"我知道这道菜的食谱,以后我教你。"

与这样的人接触,比较麻烦的是他总是有一种吹嘘自己的倾向,希望博取他人的好感。问题的关键就在于如何把自己的热情适度地传达给别人。

曾经有人告诉我："别人说你坏话，我都替你解释清楚了。"我听后大吃一惊。然后连忙摆手，笑着说："哈哈哈，我可没拜托你这么做呀。"

对于喜欢开玩笑的我来说，这句话是我的口头禅。如果我是个较真的人，就会明确告知对方不要那么做，对方可能会告诉其他人："我好不容易帮他处理了矛盾，谁知他还不领情。"庆幸的是，周围人都知道我和他的个性。

对于喜欢干涉别人事情的人，我觉得先要感谢对方的热情，这是成熟大人的应对方式。

通常我会这样告诉对方："感谢您的热心，我真是不敢当。"

管闲事虽然多此一举，其实也是一种慈悲。然而，控制自己多管闲事是一种智慧。

赋予何种意义在于自己

我们所处的世界是一中有多，多中有一。人是世界的一部分，心脏有力地搏动，肝脏分解酒精，肺吸收空气中的氧气，血液将营养输送到全身不同的组织，大脑储蓄着数以亿计的人类几万年来积累的知识，这就是一中有多的例子。

大量的人汇集起来组成一个社会，无数的星星组成银河，无数银河组成宇宙，这就是多中有一的证明。

这种规律并非空穴来风，而是广泛存在的真理。如果以这样的思维方式看待问题，就不会对小事过于在意。

在日常生活中，我们可以借助很多事物开阔心境。比如，使用牙签清理牙齿时，想象就像清理内心一样，消除诸多烦恼；看见大河奔涌，仿佛烦恼就随着消逝；看到茂密的叶子，就想到树荫的伟大，为人们遮蔽阳光；看到笔直的大路，就想像这条路一样守住正直，不谄媚，不欺诈，遵从自己的内心。

我们总是试图从各种事情中找寻意义。比如，自己的这份工作有什么意义，困难对我们有什么意义，我们的人生有什么意义……其实，它们的意义来源于我们自身。想给什么东西赋予什么意义，全在你自己。

不知道就坦言"不知道"

"高人一等"是指身份较低的人，在说话语气上对同一身份，甚至身份比自己高的人，表现出高高在上的状态。这个词引起了我的注意，因为我交流的对象大多比我年长。

2013年，一个年轻人说："上司说话时总是高人一等，真令人讨厌。"在这当时曾引发热议。为了避免引起不必要的纷争，甚至还发行了上司专用手册。如果说高高在上是由于说话者位置导致的，那么我经常是"高人一等"地说教。

位居高位、年长者说的话，来自更高的视角，他们拥有丰富的人生经验，所以他们的话值得一听。

在意"高高在上"的说话方式，根源是其有"自卑感"，担心自己被别人看不起。

我对"高人一等"并不在意。长者的话我自然静心聆听。如果年少者"高高在上"地问我："这个你知道吗？"

我不知道的话，也会如实回答。

如果对方说："什么，你不知道？"我会回答："没有人规定人什么都应该知道。"如果他不肯罢休，继续说："那个很有名呀。"我会笑着回道："我不知道，肯定不太有名吧。"

如果对"高人一等"内心反应过度，我觉得正是挖掘内心的机会。

世间之事未必按你的想法发展

昭和五十四年（1970年），日本进行人口普查，公布本国人口超过一亿。此后，不断诞生"一亿总××"等代表整个日本人的词语。

"一亿总评论家"就是其中一个。每个人都觉得自己的评论是正论。电子版词典《大辞林》对"评论"的解释是："对事物的善恶、价值进行评判，也表示评判文章。"因此，关于"评论家"有两种解释；一是"以评论为职业的人"；二是"自己不动手，仅仅通过发表意见或批评来取笑别人的话"。

有趣的是，《恶魔词典》（西川正身编，岩波文库出版）对"批评家"的解释更为直接："没有一个人能取悦自己，然后自负地认为自己是个难以取悦的人"。

我经常遇到大肆宣扬自己主张的人。因为《大辞林》和《恶魔词典》中的解释，已经让我们知道，他的主张并不一定正确。

世间之事并非只按某种规律发展。政治、经济和人心，都有一种不按规律发展的复杂性、模糊性和脆弱性。

费尽口舌地宣扬自己的观点，就像管弦乐的指挥在没有演奏者的舞台，拼命指挥的样子。

当然，不管这个人多么不可靠，他的话语和性格是两码事。如果是正确的主张，也值得认真倾听其中的内容。如果认为不靠谱，不妨以此为鉴，作为反面教材来学习。

面对复杂、模糊、脆弱的现实问题，在撰写本书时，我尽量不以评论家的姿态，不掺杂个人的主观因素。我深知从专家的立场来看，我写的东西并非专业的理论。但是，我不会对自己做不了或者不想做的事，信口开河乱下结论。

2 第二章
你想太多了

人生没有胜负

每天从早晨开始,我们一天的生活就像孩子们玩的猜拳游戏。

这个游戏分为两组,每组由两端出发,途中相遇后进行猜拳,失败者给对方让路。失败的一组,为了不让对方到达自己的起点,即对方的终点,就会派出第二名选手出发,再次与对方相遇并继续猜拳。双方相遇时喊出"石头、剪刀、布",游戏因而得名。

无论和谁在一起生活,早餐吃什么都面临"猜拳"。有的人想吃米饭,有的人想吃面包,为了避免纷争,甚至有人会准备两种早餐。

选择电视频道也一样,有人为避免不必要的冲突,干脆多买几台电视。只要有两个以上的人,就会产生不同的想法,因此"猜拳"游戏无处不在。

在粘贴邮票的时候，每个人粘贴的方法也不同。这些都说明人与人之间有不同的想法和做法。有的人看到别人的贴法与自己不同，便不满地说："为什么贴邮票也要花那么长时间呢？"

插队的人是想让自己处于优先位置。相反，对于准备插队的车子，有人会站在车前不让其通过，他们通常也是为了方便自己。总之，他们都是在"猜拳"游戏中不愿意认输的人。

然而，人生并非一场胜负游戏。当双方相撞前，不妨主动给对方让路。当自己的想法与别人的想法发生冲突时，如果将自己的意志强加给别人，结果往往并不能如你所愿。

胜者往往得意，败者心有不甘。但是，如果自己主动让路，多考虑对方的情况，自己的心情也会轻松。

最近你有没有说过或者听到别人对你说"您先请"之类的话？主动对别人说"您先请"，对方可能就会对下一个人说"您先请"，这样社会上懂得谦让的人会越来越多。那么，我们不妨先试着说"您先请"吧。

为什么想被赞美

人有四大愿望：想被爱，想被认同，想发挥作用，想被赞美。这四个愿望都是希望别人给予自己的评价。人无法离开社会独立生存，因此这样的想法也能理解。

"想被爱"，是希望自己被关注，孩子希望从父母那里得到的就是这个。如果有人对你说："没有你也可以，可是偏偏……"这样的话谁听了都难以接受。

因此，我们都试图引起他人的关注。日常生活中打招呼、问候的原因就在于此。接受问候的人，在瞬间感受到被关注，"想被爱"的感觉油然而生。

"想被认同"，是希望别人承认自己的价值。对于身处痛苦的人说一句"你真不容易"，就能引起对方共鸣。抑郁的人有时觉得幸福抛弃了自己，当你告诉他"幸福一定会来到"，就能点燃他已沉入心底的"想变得幸福"的心情。

"想发挥作用",是希望对社会或他人有所帮助。比起仅仅为了渺小的自己而活,对别人有所帮助可以提升自我的价值。原本宅在家里的人,通过参加志愿服务活动,重新回归社会,这就是助人所产生的力量。

"想被赞美",其实不太容易实现。因此它在"想被爱、想被认同、想发挥作用"外,还期待获得他人的好评。换言之,"想被赞美"是"想被爱、想被认同、想发挥作用"之外的奢望。

要想被赞美,就要做值得被赞美的事情。这样一来,就有可能讨好、奉承他人,甚至撒谎。如果只是想引起别人的关注,那有很多方法。但是,要想别人赞美自己,不仅是勉强自己,也容易招人厌烦。

因此,适当放下"想被赞美"的心理欲望,这样才能活得更自在。

"请理解我"的愿望会缩小自己的气量

对意识不到自己内心想做什么、为什么那样做的人,很难理解别人的想法,产生同理心。

关于这点,我大学的心理学老师曾说:"要想了解人心,应该大量阅读小说,而不是上心理学课。小说中对人物的心理描写细致入微,比心理学更有助于理解人心。"时至今日,我仍然非常认同这句话。

经常听到青春期的孩子抱怨:"为什么父母不理解我?"而面对青春期叛逆的孩子,父母也不知如何应对。

有多少孩子能体察父母的心情呢?很多人在成长过程中从未养成体察对方的习惯。因此,他们长大后也只考虑自己的想法,对其他人的所思所想毫不在意,只是将自己的想法强加给对方。

我非常喜欢下面这句话："为什么有人喜欢说自己是神经质呢？"句中的"为什么"问得好，其意不是否定神经大条的人，而是与他们交流感到温暖、豁达的心情。如果是病态的神经质，周围的人要尽量给予理解。而说自己是神经质的人，是希望对方多一点耐心，言外之意是理直气壮地要求对方接受自己，所以这样的人有时会引起对方反感。

希望别人理解自己，是人之常情。即使整个世界与你为敌，只要有一个人理解自己，就像得到数万援军，心理也会变得强大。但是，拼命想寻求理解、认可，反而会让你的心量变小。

与其如此，不如尝试成为别人精神上的强大支柱，反而可以让自己心量增大，内心安宁。

想让别人喜欢自己的捷径，就是先去喜欢别人。

同样，想让别人理解自己，最好的办法就是好好地理解别人。想成为一个理解他人的人，要不先试着读一些小说？

幸福并非拥有什么，关键要认清幸福

　　人生原本就是复杂的。昨天还欢乐无比，今天就悲从中来；早上令你开心的事情，到了下午却变成令你后悔的事情；去年快乐的事今年却让自己哭了。诸如此类，不胜枚举。这边碰壁，那边摔倒……人生，就是这样循环往复。

　　人生就是由各种烦恼组成的。得意忘形时容易对周围情况视而不见，低落时就会想"反正……"而排斥身边的信息。看到别人顺风顺水、忙忙碌碌，心里发生某些转变，开始忌恨别人，讨厌自己，让自己越来越偏激，心生怨毒。嫉妒、攻击别人而忘记自己，成为吝啬的人，甚至诓骗、奉承别人，自大自满，最后成为自己讨厌的人。

　　这些状况都是因为不能认清自己的状况。但在别人看来，你做了什么，是什么状态，一目了然，这就是旁观者清。举例来说，比起下棋的双方，旁观者更能观察全局。如果棋手下错一步棋，就会听到旁观者发出轻微的叹息声。

这种情况同样发生在我们的人生中。在旁人看来是幸福的，自己未必能意识到；当你听到别人感叹："不管怎么说，你真幸福。"可能会感到意外。

当听到别人这么说，你可能发现自己真的处于幸福之中，这得益于别人的不同视角。

还有一种情况，当别人告诉你时，你十分生气地说："你什么都不懂，不要随意说。"然而，生气也不能让自己得到幸福，不如向对方说句："谢谢！"

无论是别人眼中的幸福，还是亲身体验到的幸福，幸福与否都由你自己决定。

只要知道自己是为了什么，在做什么，有哪些问题，就能跳出烦恼的状态，这样就可以了。

遭遇"背叛"并不稀奇

有人坚定地认为,自己信赖的人绝不会背叛自己。

也许是期待一个完全值得信赖的人,即使自己做错了,仍然希望他不会背叛自己。永远值得信赖的人,只存在于不切实际的幻想中。

我们有负父母的期待和信赖,或是不能很好地完成工作,这些都是人生中诸多"背叛"的表现。另外,无法完成自己想做的事,也是对自己的背叛。有负他人的期待而感到万分抱歉,而被他人背叛更令人痛苦。

不管是出于本意或故意,还是在不知情的状况下背叛了他人,我觉得背叛都是理所当然的事情。这种"理所当然",是心平气和生活下去、让内心安宁的关键。如果我们觉得理所当然,就不会因此受到伤害,也不会感到失落。

夫妻就像用红绳联结起来的关系,经常有人用线形容人与人之间的关系，我认为很贴切。

各种关系就像由细细的绳线连接起来，可能磨损，或者断开，所以需要用心对待。

要想这根线更粗壮结实不易断裂，需要经常不断加线。如果什么都不做，经年累日肯定会断掉。

要想夫妻之间的关系更牢固，孩子是一种新的缘分。即使没有孩子，同一时间、同一空间的共同体验，比如共同旅行等，也是夫妻关系的增强剂。但是，如果用剪刀剪，线当然会被剪断，这就是背叛。

这种情况不局限于夫妻之间。亲子、朋友之间，以及灵魂伴侣之间也是如此。

我们尽可能不要背叛别人，同时要做好由于某种原因，遭遇别人背叛的心理准备，这样我们的内心会更强大。

与他人比较，若自己高兴会伤人，若悲伤会失去自我

不要与他人比较，因为比较使内心产生的变化，对于内心的平静没有帮助。

话虽如此，我与他人交流前，也会事先了解对方。特别是了解对方有哪些优点，以便充分把握双方的交流情况，虽然不会用秤衡量对方，但也会评估。现在想来，这样的性格实在有些令人讨厌。

当对方比听闻中的更厉害时，便会心生佩服；但是如果相反，就容易不把对方放在眼里。这样的事一年曾发生过两三次，所以我是有待改进的"傻和尚"。

有很多与我相似的人，他们把自己和别人放在天平的两端，如果自己重就心安理得，藐视对方；如果对方重，便会讨好对方。现在，我会将对方视为教材或者镜子，告诫自己不要成为爱比较的人。

有句名言说:"比较之后自己高兴会伤人,悲伤会失去自我。"如果春风得意的人与你比较,你的内心当然不会平静,甚至觉得别人是嘲笑你而感到愤怒,这就是伤人。此外,和人比较感到悲伤,那悲伤不是真正的悲伤,而是因为失去了自我。

同别人相比,我不仅不会伤心,甚至还有些得意。比如,我会想"与某人那么做相比,自己的言行还算可以"。然而,这种想法既容易伤害对方,也会让自己骄傲自满,反过来是不利己的。

因此,我建议去掉比较的对象"某人"进行思考。不以"人"为比较对象,而是以"行为"为准则来警醒自己。因此,不要想着"和那个人相比",而要想着"只要不做那些事,我还算可以"。这样一来,就会减少对别人的伤害,傲慢也会慢慢消失。

我们周围有很多反面教材,教我们让内心变得平静。我们不应该轻视别人,而是不去做别人有过的不恰当行为,并以此为鉴活出自己。这就是"以人为鉴,让自己变得焕然一新"。

别人抢功劳，也不会影响你的价值

自我评价高的人，一般不太在意别人的看法。当然，他们不会公然宣称我不在乎别人怎么看。这些人容易被说成以自我为中心或自恋，但本人依然心平气和，视这些言论为无稽之谈。

敢于说"我很好"，是人生获得平静的重要条件之一。

自我肯定感是最重要的，至于工作或人际关系中的评价都是次要的。

我们生活的这个世界，是不以自己的意志为转移的，生命的运转是不受自己小小心灵支配的。

除了构成我们身体的肉、骨骼、内脏，就连头发、指甲，都不是自己努力创造的结果，而是天地自然的馈赠。

所以，你的存在本身就非常了不起。如果缺乏对自身的肯定，再高的自我评价也会让人心虚。观察身边土里的虫子或小草，没有一个生命的存在是不合理的。我们也一样，因为人是被大自然认可的"生而有益的生命"。

以大自然对自己存在的肯定为基础，然后在世界中寻找第二、第三种肯定。

在生活中，经常有人因别人抢了自己的功劳而气愤。我没有抢别人功劳，也没有被别人抢过功劳（或许我从未注意到）。不过，即使别人抢了我的功劳，我也不会伤心懊恼。如果自己做出了成果，我就很满足了。此外，如果将这些作为人类的成果公之于众，对其他人有所帮助，或者对于创造其他成果有帮助，我觉得就可以了。

如果别人抢了你的功劳，其实并不会影响你的价值。你的价值不会因外在而改变，因为你生而就已经获得了巨大的肯定。

想为别人做点什么是很伟大的

有个70多岁的老太太,她告诉我:"儿媳妇每年去海外旅行好几次,这期间家里所有衣物都由我来洗。她非常感谢我让她安心地旅行。我边晒衣服边想,与其认为是她让我洗衣服,不如看成是在给自己洗衣服,这样一想心情也变得很轻松。"

老太太口中"给自己洗衣服"是谦虚的说法,但回想起来却有微妙的况味。认为"为别人做什么"或者"奉献了什么"的想法,其实是内心傲慢的表现。

"为别人做什么"是主动帮助别人,但在某种程度上也带有傲慢的心理。因此,最好尽可能说:"我为自己做什么。"

也就是说,我选择"我为自己做什么"的积极主动的心态,而不是"为别人做什么"的自怜心态。实际上,在很多志愿活动中,往往由于存在"为别人做什么"的想法,帮助者与被帮助者之间产生了摩擦。

有的人拒绝接受援助,因为他们认为"这是一种强加于人的方式,是强制的善意",甚至会呵斥帮助他们的人赶紧回去。因此,每当我听到"为别人做什么"这类的话,往往就能预料到不会产生好的结果。

其实,"为别人做什么"同时需要考虑对方的感受,这点十分重要。

我觉得,如果有"为别人做什么"这样一种傲慢心理,就不会产生想要帮助别人的想法。

本来是为自己,却表现得为别人,这是一种伪善。而发自内心地想为别人做些什么,是一种善意。

因此,与其什么都不做,在考虑到对方的情况和感受下,为别人略尽绵薄之力,我认为是非常伟大的。如果因顾忌"伪善"和"傲慢",仅仅思考大道理,最终大家都不会再去帮助别人。

所以,愿意为别人做什么,这是很伟大的!

世间大部分人既非敌人，亦非朋友

我曾经和一个50多岁的男人聊天，他说："我之前混黑社会做坏事，四年前出狱后和女友结婚，改邪归正啦。""我伤害过好人，所以理应受到惩罚。"他的笑脸上还带有一丝此前经历残留的冷酷。

"重新做回好人后感觉怎么样？"我问他。

"开心多了，我再也不会去干坏事了。"他说。

"其实，你已经变不成坏人了，因为你的心境已经改变了。"我鼓励他。

"哈哈哈，是吗？"他的脸上露出明朗的笑容，继续对我说，"以前白天为所欲为，晚上睡不着觉，那种日子真的不堪回首。要么和对手较劲，要么为了自己的利益永远神经紧绷。"

"是呀,神经紧绷的人,当然没人愿意接近啦。"

"真的是这样,这不现在就有人愿意到我身边了吗?"他拍了拍爱人的肩膀,说,"今天非常感谢,真是打扰了。"

"如果有缘,我们还会再见。"我朝他挥手送别。

有的人喜欢和别人唱反调,有的人对无视或妨碍自己的人保持戒心,心怀敌意。这样的人,通常认为除朋友外都是敌人,我想他大多是在痛苦中度过了少年期。

对他们来说,世界似乎永远是个让人神经紧绷的战场,所以不能从心底露出舒心的笑容。其实,世间大部分人,既不是敌人,也不是朋友。

如果遇到与自己为敌的人,不妨想办法让自己发自内心地哈哈大笑。比起战场,我推荐你多去"笑场"。比如可以去听一场相声小品,或者听单口相声CD,看看质量高的搞笑节目。

笑能使紧绷的心松弛下来。

"别人是别人，自己是自己"的思维陷阱

有一则关于国别的笑话：让各国乘客从船上跳入大海，确定顺序时，美国人说"这是英雄的时刻"，德国人说"由法律来决定"，意大利人说"女士优先"，日本人则说"大家一起跳"。

日本人非常重视与其他人的和谐，这可能是因为共同居住在狭小的地方，需要和睦相处。

的确，与众不同会引人注目，被视为出头鸟，甚至被贴上颐指气使、特立独行、标新立异的标签。于是，很多人因无法做想做的事，无法展现自己的个性，而内心忧郁。

西方国家非常尊重个性。父母在教育子女时，经常会告诉他们："别人是别人，自己是自己。"

我上小学时想做一件事，却被母亲制止了。当时，我用"大家都在做"来反驳母亲，母亲告诉我"别人是别人"。此

后，我觉得人生"做自己想做的事情就好，与别人无关"。

对于我的"原则"，母亲后来又叮嘱我一句："一定不要给别人添麻烦。"于是，我按照"只要不给人添麻烦，做什么都由我自己决定"的想法，成为了一个我行我素的少年，对其他人的事漠不关心。就这样，我度过了自己的青少年时期。

实际上，不给别人添麻烦是不可能的。判断是不是给别人添了麻烦，不在于我们，而在于对方。如果对方觉得是麻烦，就是给对方添了麻烦。这话虽然有点耸人听闻，但却是事实。

生而为人，拥有自己的想法，展现自己的个性，这是自立的关键。但是，并不意味着对他人漠不关心、不需要与人配合，这点不能忽视。

试着从"不拥有"中获得乐趣

想拥有某件物品,在精神方面有所追求,就会产生欲望。欲望并不是贬义词,想得到没有的东西是人的本性,这不是善恶的问题。

如果认为自己应该得到,却没有得到的时候,就容易出现问题。

我们以为得到了想要的东西才会感到安心、喜悦。其实,安心、喜悦不借助外物也可以实现。我想在寺院正殿放一套音响设备,由于已经有了便携的简易音响,觉得不买音响也可以。

此外,把获得某物作为目标的人,也可以从期待中得到乐趣。

一想到"总有一天白马王子会来接我",少女们就心潮澎湃,是因为这个目标还没有实现。买彩票后直至开奖前,也会有这样的心情。未曾体验过的事情也是如此，光是想想就满满的兴奋感。在死亡来临之际，如果能想着"这是我出生后第一次体验死亡"，或许就能好好享受这段旅程。

我想说的是，欲望如果不加以控制，痛苦的日子终会来临。如果放纵欲望，内心就会变得焦躁不安，与外界的冲突也会增多。控制欲望的一个方法，就是缩小欲望、内心知足，具体可参见本书第三章第12节。

烦恼与欲望常常形影不离。如果欲望扰乱内心，就会产生相应的烦恼。比如，偷窃是想得到某个物品，使内心不安稳，这样产生的烦恼就超过了欲望。

当想要这个、想要那个时，反问自己：这种心情是扰乱内心的烦恼，还是一种简单的欲望？

如果判断为"现在似乎不是烦恼"，那么就快乐地获得；而对于尚未得到的事物，则享受得不到的快乐。

有余力的时候,就去帮别人

很久很久以前,在印度,年幼的兄弟失去了母亲,父亲再婚。但是,继母不是个称职的母亲。她因为自己不能独享丈夫的爱,将兄弟俩抛弃在一座四面环海的孤岛上。岛上什么也没有,兄弟俩面临死亡。

气息奄奄之际,他们想:"我们遭遇这种不幸,即将死亡。如果能获得重生,我们将劝人向善,让其他人都不再遭遇这样的事情。如果有人遭遇不幸,我们就去帮助他。"

后来他们重获新生,并按照此前的誓愿一生践行。

故事中的兄弟俩因为自己曾遭遇过不幸,就尽可能帮助别人,并付诸行动。

当我们遭遇不幸时,可能会想"再也不想见到那个人"或"再也不去那个地方",让自己远离并切断让自己不幸的人或事,以此来保护自己。

与其停留于自我保护,不如将自己走出困境的方法教授给更多的人,让内心更丰盈。

如果大家有余力,不妨也去帮助别人。

你忙的时候,大家也很忙

当自己忙得不可开交想发牢骚时,不妨试试在4—8人的场合,说出:"最近简直忙死了。"从我自身经验来看,一个话题能引发讨论的最多人数是8人,这样的聊天可能颇为有趣。

"怎么样,最近很忙吧?"

"最近太忙了,太忙了。"

"最近都没看到你,到底忙什么呢?"

"干这个,干那个;这个事得做,那个事得做,一点时间都没有,都想把自己分身成两个人。"

剩下的几个人,继续七嘴八舌聊下去。

听完所有人的话,你就会发现大家都在为工作、家庭、育儿、志愿服务、兴趣等忙碌。此外,有人会说:"闲得没办法,真羡慕你这样忙忙碌碌的"。"咱们交换一下吧。"即便知道没有结果,人们也喜欢像这样调侃。

这个话题的结论往往是"大家都很忙"。如果有人不服,说"不管怎么说还是我忙",有人不甘示弱说"刚才我没提,其实我和你一样"。如果这样你一言我一语,那就会一直讨论下去。

不知大家看后作何感想。依我看来,感觉自己"忙碌"容易产生傲慢之心,因为不只你一个人忙碌。

当我因忙碌而想要抱怨时,就会想起一首和歌:乍看水鸟不辛苦,实际脚忙碌,我也一样呀。和歌的意思是,从表面看,水鸟在水面悠然自在地移动,实际上它的脚在水中忙个不停。我也一样,看起来闲暇,实际上很忙碌。

将和歌中的"我也一样"换成"别人也一样",你就能体会别人的忙碌。像这样,反复尝试几次上面的对话,你会发现大家的讨论也是一种治愈。

做好事，不必让别人知道

经历失败后，无意中制作出高野豆腐（冻干豆腐）的兴教大师（1095—1144），曾经给弟子们留下一句忏悔文，叫"若作善根住有相"。其中，"有相"是指眼睛可见的状态或姿态。意思是，如果做善事种下觉悟的种子，岂能得意忘形，甚至到处宣扬炫耀呢？

我开始写书后，总有人会问我："您写书能获得很多版税吧。"告诉别人应舍弃金钱的欲望，自己却赚取版税，大家对这个话题应该都很感兴趣吧。

起初，我觉得别人的疑问中带有恶意，会进行说明："我的版税都用于支持村庄发展、灾后重建。"后来我发现，他们主要羡慕我的版税。

于是，我在动笔写书前先声明："我的所有版税主要用于……"

有一次，一个朋友对我说："你的版税用途令人佩服，但最好不要说出来。不然，别人误以为你是在自卖自夸。"

这时，我想到了"若作善根住有相"这句话。"有相"的反义词是"无相"，即从表面看不到。

在日常生活中，我们无时无刻不在精进自己，自我完善，如果在不经意间展现自己的善心、才能或美德，便算不上真正的自我精进。带着自满的口吻说："我正在做些什么。"其实，还差得远呢。

帮助别人是件很棒的事情。做善事、行善举，自己的内心也会明朗，即使不为人知也没关系。

所谓"天知、地知、你知、我知"，是指做坏事必然会被发现。但是，在做好事的时候，可以去掉"你知"，保留"天知、地知、我知"就好。当别人问："听说你做好事啦？""什么？有吗，肯定是别人搞错了。"希望我有一天成为这样的人。

丢东西之前，先丢掉执念

日本是消费大国，尽管食物自给率很低，但日本依然存在一日四餐，取消一餐目前仍难以做到。

在环境领域首获诺奖的肯尼亚人马塔伊（1941—2011）向世界宣称，日本是浪费之国。对此，她用了Reduce（减少垃圾）、Reuse（再利用）、Recycle（再资源化）、对资源的Respect（敬意），总结为4R理论。

听到理论后，最震惊的应该是日本人吧。是否浪费暂且不论，但日本有很多"整理无力症候群"和"舍不得扔东西症候群"。

扣子、丝带、包装纸就不用说了，不知什么时候用过的各种物品，常常堆放在房间各处。不要说打扫房子，就连地板都几乎没有下脚的地方。看一下冰箱，就能了解这个家庭的基本情况。同理，看一下壁橱、房间或抽屉，就可以大概了解这个人的状况。近年来的研究发现，这些人不是散漫邋逼，而是患有ADHD，即注意力缺乏、多动性障碍，这种情况需要接受治疗。

包括我在内，对于不会收拾东西或无法舍弃物品的人，书本、网络上有很多相关建议。比如，《房间清理妙招》一书中，简明扼要地介绍了三点：

1、抛弃"说不定什么时候还会用"的固有思维方式；

2、根据"用"与"不用"，而不是"有"还是"没有"来分类；

3、丢掉无用且轻易能得到的东西。

在此基础上，我还想加一条，那就是"与其舍不得丢掉东西，不如珍惜拥有的东西"。我非常认同第一条丢东西之前先抛弃固有的思维方式。

我认为对物的执着，是内心执着的一种表现。放下这种执着的心，内心就会变得轻盈。该舍弃的东西舍弃，该收拾的地方收拾好，不但房间整洁一新，心情也会焕然一新。意识到浪费固然重要，但内心的扫除同样重要。

离别的时刻一定会到来

从断奶到上幼儿园、上中小学,我们经历了很多的离别。不同阶段的终点,也是将我们引向新生活的起点。

然而,有很多人无法好好面对离别。近年来,我发现越来越多的人因为恋爱分手而苦恼。

跟踪狂就是其中一种。对方已经明确表示分手,你只要说"好的,希望我们彼此都能找到真爱",然后各自安好。可是,这么简单的事,很多人做不到。

另外,有一种人让我比较担心,就是走不出丧母之痛的人。询问后发现,他们出生后与母亲关系密切,对母亲有很深的依赖。正因如此,本应该拥有独立个性的人,却始终无法自立。

当他们失去依靠,失落感无法排解和疗愈,也没有心思思考如何开展新的人生。

因此，我觉得父母要有放手让孩子自立的心理准备，孩子要有离开父母独立生活的勇气，双方都不要过于依赖对方，更不能干涉对方。

特别是父母要痛下决心，让孩子适应独立的生活。我这么说，并不是主张放任孩子不管。

父母对孩子干涉过多，孩子可能更不愿意听话。于是，父母干脆态度急转，说："如果现在不听话，以后就不管你了。"这两种极端的养育方式，我们都应该避免。由于孩子害怕父母不管自己，便会更依赖父母，最终孩子就无法走向自立。

重要的是，要知道离别一定会到来。做好充分的准备，并期待人生下一阶段的到来。人生最大的离别莫过于生死。其实，死亡并不意味着结束，这种感觉很重要。

给先祖扫墓有助于处理死亡的哀伤。要想学会接受离别、分手，需要减少互相的干涉和依赖，我们不妨试一试。

你我都拥有无限的可能

任何事物不可能永远保持相同的状态。因为，任何事物都是缘的集合体，缘发生变化，状况也会随之变化。诸如时间、季节、信息、流行、精神的成长等因素，无时无刻不处于变化之中，因此无论物质还是心灵，都不可能一成不变。

任何东西都不存在固有的我。比如，现在阅读的这本书，它没有固有的实体。放在书架上，就是藏书；堆起来，就可能成为台阶或阶石；一张一张撕开点燃，可以成为燃烧的火苗；丢掉就是垃圾；扔出去可以当武器。

以此类推，"我"并不存在固有的实体，肉体和年龄都在不断地变化中。

心灵也一样，原本健康的心灵，可能因为某些原因而消沉或痛苦。一年前认为自己是这样的，现在的想法可能已经发生了改变。

如果没有认识到一切都处于变化中,有人就会说出"我的想法永远不会改变"这种绝对的话。这时,我就会告诉对方:"别那么坚决。"有时候,对方认为这种思维方式缺乏信念感,坚持认为自己不管遇到什么事情都不会改变。

其实,"我就是这样的人"与"这是书"的道理一样。如上所述,书在不同的场合有不同的用途,如果将自己限定在"我的想法永远不会改变"的框架里,只会限制自己的可能性。

你我都不是一成不变的,都拥有无限的可能。

试着远离大道理

我们每个人原本就拥有某些能力。比如肺从空气中吸入氧气输送到全身，肠胃吸收食物的营养，排毒系统化解并排出体内有毒物质，大脑处理大量信息并控制全身的活动。

印度流行的瑜伽，试图把身体的这种力量发挥到最大限度，从而消除身心压力，恢复身心健康。通过练习呼吸、打坐、冥想等，提升修行者的身心机能。

瑜伽与锻炼、修行有共同之处，都是跳出大脑的思维，训练身心的感知力。不必依靠大脑思考，当感知变得敏锐，有助于激发人的潜能。

以前在学习表达方式的时候，老师曾经出过一道测试题：孩子用蜡笔在纸上认真地画画，一不小心蜡笔纷纷滚落到地板上。这时候，你会说什么？

这是训练我们当下的反应和语言的表达能力。如果左思右想，给出的答案可能是长篇大论。因此，比起"可能是蜡笔握得太紧了"之类的分析，直接说"打扫起来可能有些辛苦"，听的人更容易接受。

如果你在人际关系中感觉疲惫，不妨试试通过融入自然开启内在的感性。满天星斗、山顶上的日出、山林的寂静、落日的庄严、雪山的崇高……都能帮你恢复内心的能量。

这个美妙的大千世界，只有画师的妙笔才能描绘，只有琴师的妙手才能弹奏。不停地用头脑去思考，心灵只会变得干瘪，感性的事物则可以滋养内心。抛开大道理，多花时间体味内心微妙的感受吧。

无论何时，大自然都可以刺激你的感性，给你意想不到的答案。

不要戴着有色眼镜看人

工作中或与人交流时，没有人希望被误解。因此，与人交流时，需要特别注意"5W1H"原则，即什么时候（When），谁（Who），为什么（Why），在哪里（Where），做什么（What），如何做（How）。

比如，我在撰写本书时，提前说明："今年三笠书房告诉我说，因为最近在乎外界眼光的人越来越多，所以请我写一些建议。"这样可能就不会被误解（这里除了Where不重要之外，其他因素我都提到了）。

工作中为了不被误解，首先要梳理思路说明情况。如果使用了不当表达，就可能会出现麻烦。比如上面的话是对方"请我……"，但是如果说成"让我……"，可能就有人理解为我是被迫。

当写成"让我"，也许我写这些话时并没有意识到，但内心可能产生了"嫌麻烦"的想法。果真如此，那是我误解了对方，对方真正的意思是说"您帮我写，我表示感谢"。

如果对方觉得麻烦且微不足道，用了"让我……"的话，只是语言使用方式上的不当，所以有必要多阅读，学习正确的语言表达方式。

除工作外，与人交往也会产生误解。这种事情十分令人困扰，自己是如何被误解的，如果对方不明确表达出来，自己是不知道的。如果意识到被他人误解，我也会努力解释，消除误解。

即使不特意解释，只要坚持自己的信念，误解也会自然消除。有时候你不去解释，是因为别人尚未明辨是非，这样置之不理也是可以的。

我自己也曾误解过很多人。随着时间的流逝，不仅对方会发生改变，自己的接受方式也会变化。过段时间再相见，往往会发现对方并非想象中那种人。

因此，我不会用固化的观点判断一个人，也就是会摘下有色眼镜看待别人。

第三章 心情忧郁时这么想

经历多次失败后，更能理解他人

人生会历经无数失败，不吸取失败的教训依然犯同样的错误，然后感叹"为什么还不行"，进而陷入烦恼状态。

我十分尊敬的一位长者告诉我，这种烦恼状态其实是思维存在"盲点"，走出这个盲点，人就能豁然开朗。

所谓"事不过三"，即同样的失败不要超过三次。在失败中学习，避免重蹈覆辙才是成熟的人。

人生中会出现各种各样的失败，对于接连不断的失败，我已做好准备。

大家没必要担心失败，我认为有两个原因。

第一，世间之事，不去尝试永远不知道其中的奥秘，在尝试中有失败是必然的。如果担心失败，那什么都学不会。

第二，经历的失败越多，越会对失败者抱有宽容的态度，"原来如此，我也经历过类似的失败啦，那只是暂时的"。

经历越多失败的长者，越能包容别人，这也就是所谓的"越年长越宽容"。我发现在我 50 岁后，能包容的事也越多了。

成熟的人，就是在众多失败经历中不断学习，并接纳别人的失败。对于他人的小小过失不吹毛求疵，自己的心态会更加平和。

在不断失败中学习，让自己变得更丰富、包容，以这种方式面对生活吧。

负面情绪任它来,任它去

与人相处,有时也是件麻烦的事。独处时,就不会与其他人产生摩擦。从这点来说,僧人常常独自一人,自然也就远离了产生烦恼的环境。

即便和他人相处愉快,时间久了也会感觉疲惫。我不讨厌与人相处,也接受别人对自己的关心,但最多只能相处六个小时。之后,就想一个人独处,或是和家人在一起。

人与人之间相处,难免产生摩擦,如果长期处于因摩擦导致的负面情绪关系中,对内心反而是一种负担。

比如,对方失礼的言行令你感到愤怒,因别人不能理解自己而生气,被别人讨厌而心生怨恨,信任的人说了没心没肺的话让你无法释怀,和不好相处的人在一起感到不舒服。

对我来说,这些负面情绪大多在第二天就会烟消云散。即使偶尔想起,也能笑着说:"原来昨天有过不开心的事情呢。"

我还会将自己的负面情绪分类，知道什么程度的负面情绪可让它浮现，什么程度的负面情绪可任其消失。如果只是向不太亲近的人抱怨几句，那说明是可以置之不理的低度负面情绪。如果只能向亲近的人倾诉，那就是中度水平，只要有人倾听基本就可以释怀。

最大的负面情绪是不想向任何人倾诉。如果这样的状态持续三天，我就会分析为什么这种负面情绪一直挥之不去，然后面对并处理它。

自己讨厌什么，期望什么，心情如何，为什么对方那样做……这些问题我们都需要思考。这样的思考有助于发现未知的自己，进行自我调节。

如果能考虑到对方的处境和想法，就能理解如果自己是对方，那样做也是理所当然的。

你也可以试着将负面情绪分类，让今后的人生不被负面情绪所困扰。

你可以让别人失望

想要成为被大家都喜欢的人,这样每天都会过得很辛苦。因为他既想被人喜欢,也担心被人讨厌。比起被人喜欢的快乐,遭人讨厌的担心似乎更强烈。

为了掩饰这种恐惧,就会拼命迎合他人。如果是身心都需要保护的小学生,这样做也能理解。因为被人讨厌的话,就可能面临难以生存的处境。

可是,如果一直想要讨人喜欢,进入青春期后,就会像木偶一样看别人的眼色行事。

所以,要觉察这种不想被讨厌的恐惧。虽然我现在给大家讲大道理,但在高中前,我也有过类似的经历。当时的我认为,寺院主持的儿子是不能被人讨厌的。

有一段时间,我想做一个八面玲珑的孩子。在许多家暴的受害者中,很多人就是不愿意别人对自己失望。

可是，不让别人对自己失望，也不必非要活成别人期待的模样。你迎合了 A 的期待，就可能让 B 失望。

有的人为了不让朋友失望，偷父母的钱请朋友吃饭。当父母发现后，岂不是失望透顶吗？为了不让父母再失望，不停地让别人请自己吃饭，这样又让朋友感到失望。

如果在意被别人讨厌，在意让人失望的话，那么不妨调整自己的思维方式。

其实，只要你走在自己想走且正确的人生道路上，你走得坚实且自信，这样就可以了。

在你行走的路途中，有人支持你，也有人离你而去。

没有必要追逐离你而去的人，走自己的路便好。

请你务必心怀自信，潇洒地走在自己的人生路上。

如何减少负能量

如果周围有人生气，自己的心情也会受到影响，因为愤怒散发的能量也会影响我们。我通常会问他们："为什么这么生气呢？"他们一般都会说："由于××原因，这样生气理所当然吧？"对于这些理由，我能理解就说："理所当然。"如果不能理解，我相信生气的人也有他的理由。因此，在理解之前我会反复想"为什么"，这样我就能走出负能量的磁场。

如果我们能想清楚其中的因由，就不会受对方愤怒的影响。比如，如果能想到"原来他是那样想的，当然会生气"，或者"如果那样想，心情不舒畅也能理解"，就会从客观的角度看待这件事。这种做法有助于减少自己的负能量。

试着想"我为什么而生气，我到底想做什么，我为什么希望如此"就可以。

这样一来，就会发现，①由于这个原因才会这么想；②想这么做才这么想；③由于这样的结果才想生气，于是豁然开朗。如果不想生气，就必须从①开始考虑。

不仅是生气，悲伤、苦闷等负面情绪都可以这样化解。在想清楚之前，反复问自己为什么。

如果认为这样做麻烦，那负能量带来的影响更糟。试着问自己"为什么觉得麻烦"，自己回答看看。

这样做既有助于自知，也可以理解对方的心思，帮你建立良好的人际关系。

我认为深思熟虑的人是善于思考的人，是善于了解他人和自己的人。因此，我们不妨多问句"为什么"。

身老，心不老

世人有无数个烦恼，根据不同的人，开解的方式不同。比如，鼓励怠惰者多努力，勤奋者多休息，吝啬者去布施，易怒者学会慈悲。

因此，如果针对不同的人写书，应该能写无数本书。可是，像我这样私事缠身的人，能写的书当然有限。我曾向出版社表示抱歉，告诉他们"我没什么可写的"。这时，有个编辑说了两句话，改变了我的看法。

第一句是"想开解一个心怀烦恼的人，只有不断写书"。新书一般只会在书店放几个月，好书需要上架几年，才有可能进入读者视野。因此，为了让书店总有新书，需要持续不断地书写。

第二句话让我很吃惊，他说："新书出版后，您应该有新感受，那您就应该将其写下来。"

当朋友过生日时，我会发短信"恭喜你迎来××岁"。

我生日时，我也会想今年我××岁了，心里有一种崭新的感觉。有句话说："今天是往后余生的第一天。"正如那位编辑所说，几个月间就应该有一本书问世，来传达自己的所思所想。我说自己没什么可写的，分明是懒惰。

人生日复一日，到了我这个年纪已经没有时间感叹了。只要有觉察新事物的敏锐性，就会在看似相同、重复的日常中，发现至今仍未注意的、让日常闪闪发光的事物。

让我们一起做个练习：闭上眼睛不依靠视觉，塞上耳朵不依靠听觉，去接近树木、草木和土地。这样的话，我们每天就能感受到新的生命力。即使上了年纪，心不可以跟着变老哟。

成为料理人生的高手

过去已经逝去无法重来,现在即将成为过去,未来尚未到来。

如何把握时间,唯有把握短暂的现在。所谓人生,就是活在当下这一段短暂的时光。

这段时光是以过去大量的经验为基础。就像做饭前,面前已经摆放好过去积累的各种食材、调料、锅碗瓢盆。用这些过去的食材做什么,就是现在、今天以及明天生活的轨迹。不管过去的经验,你今天或明天是否用得上,它们都已经出现在你面前。

即使不需要、不想要,我们一个也不能扔掉。过去就是过去,不增不减,是铸就现在的基础。

过去做了好事,现在和未来方可心安。现在的所作所为创造未来的心安,这就是善。相反,如果时间流逝,内心总是不安,就是存在恶念。因此,不能以做事的瞬间,来判断恶善。

阅读本书,你觉得"读了真好",还是"不读就好了",取决于今后的你。

即使是不想要的过往,也能为现在和将来的你做出很棒的料理,希望每个人都能成为料理人生的高手。

不要说心里没有的事

心里没有的事或想敷衍了事的事,最好不要说。"不要说心里没有的事"听起来是一种矛盾的说法,心里没有的事应该说不出来,肯定是心中某个地方在想才会说出口。

"不说心里没有的事"显然是委婉的表达,更直白的说法是言不由衷、心口不一。

会议结束后的恳谈会上不要说:"会上说的不是心里想的,实际上……"因为你想表达的是:"会上说的并非真意,实际上……"这样肯定会引发问题,即人们会传言"那个人的话不可信",从而失去他人对你的信任。

越是关系亲密,或者说正因为关系亲密,越会在对方言不由衷后,试图告诉别人"那个人的发言并非本意",以此向别人解释。但是,这样的话传开后,肯定会有人觉得那个人不可信。

有一句别人愿意听、对自己也没坏处的话，可以随时表达，那就是"抱歉"，这是结婚后我很快学会的夫妻相处之道。

但若仅仅停留在敷衍的层面说"抱歉"，反而会引发矛盾。如果对方觉得你只是想说一句"抱歉"就了事，只会火上浇油。谎言迟早会被发现，最终让自己陷入被动中。

有时为了不伤害对方，我也会言不由衷。为了让心里七上八下的朋友安心，我曾经告诉他："你做的话，肯定没问题。"其实，我应该说："做不到的话也不要放弃。"或："我会帮助你。"但是一言既出，目睹对方的失败后，心中会懊悔不已。

此外，有人告诉我："这段时间我那么说话，真是抱歉。"我撒谎说："不不不，我根本不介意。"实际上，我在意到夜晚辗转难眠。

遇到这些事的时候，最好坦言相告。

诸如此类的事不胜枚举。渐渐地，我不再说心里没有的事，希望成为一个正直的人。

顺境也好，逆境也好

我是个谨慎的人，当一帆风顺的日子持续数月，大脑里就会浮现"福之祸所依"这句话。也就是说，人生顺利的日子不可能持续很久，我觉得近期可能会发生意想不到的坏事。

正因如此，我记住了不少格言，当不好的事发生时会自然想起。

比如"无论吸入了多少不幸，都要呼出感激的心情"。在逆境中不忘感恩之心，我们的内心就会保持温暖，不会封存，从而重燃希望。

"蹲下来是为了更好地跳跃。"这句话意思是，蹲下来是为了下一次跳跃，所以要耐心等待时机。

"当你用手指指向别人，说别人的不好时，其实有三根手指指向了你自己。"这句话告诉我们，在逆境中不要以"与我无关"的态度把责任推卸给他人，而是锤炼坚强的内心。

还有一句话："认真倾听的心，可以在地狱锅上小憩。"意思是，如果认真倾听，让内心彻底安定，即使掉进地狱也不会慌张，甚至还可以坐在地狱的锅上休息一会儿。

即使身在地狱，只要正向思考和接受，也可以提升自己。即使身处逆境，也有"小憩"的闲暇之心。

我经常半开玩笑说："我们都可能下地狱。"听者微笑着点头。我继续说："那么我们会面的地方就约定在地狱一号停车场，先去世的人先在附近找个不错的居酒屋。"

尽管我是开玩笑，但希望大家也能笑着谈论生死。这样一想，便觉得顺境也好，逆境也好，慢慢培养出一个好的心态。

"迟钝、慢性子、笨拙"不行吗

有很多人觉得自己迟钝、笨拙、不自信，我曾经就是这样。梅雨时节，盛开的牵牛花有篱笆可以依靠，当一个人脆弱无助、不自信时，也会有人给你力量。对我而言，宫泽贤治就是这样的人。

《银河铁道之夜》《要求太多的餐馆》都是大家耳熟能详的佳作。此外，他还有一篇全部用片假名写在手账上的名作《不畏风雨》，该书读起来甚为优美。

文章仅有 200 多个假名，我希望大家有机会去阅读。其中，后半部分这样写道：

东边孩童有疾病，医生来相助；西边母亲身体弱，我们帮她担稻束；南边有人将离世，安慰他不要害怕；北边吵架闹诉讼，告诉他们无须为此相争。

这种生活态度，既有对人生无常的接纳，也有对生活的热情。

此外，还有一句很触动我：被大家称为木头人，不要喜，也不要悲。

被认为是慢性子、迟钝和笨拙时，不需要因别人的看法而意志消沉。

贤治这么说是因为有自己的信念，所以不在意他人的评价。我们都是来自父母的馈赠，做力所能及的事就很好。

如果你还为别人说你迟钝而伤心，那么你不妨告诉对方："一个慢条斯理的人反而能享受生活，悠闲地度过人生吧。"

如果有人责怪你笨拙，你可以说："聪明的人不能专心一事，四处参与却一事无成，我可不想成为那样的人。"

把这个当作"不在意的练习"，迎接往后余生吧。

别人批评你时，可以这样想

35岁时，我第一次听说"批评是宝贵的建议"这句名言。我虽然知道"良药苦口"，意识到来自外界的批评就像良药，但"苦口"还是很讨厌。

对于别人的批评，我觉得就像完全否定了自己的人格，让人愤懑不已。不仅仅是批评的内容，对于批评我的人，有时我也会心怀怨恨。此外，这些还会使我产生自我否定的情绪，让自己变得缩手缩脚。

因此，我觉得不能再这样下去。于是开始思考自己的思维方式哪里出现了问题，总结出了以下几点：

1. 别人的批评并不等于彻底否定自己，理解错了才会使一个人感觉愤懑。

2. 比起批评的内容，我对批评者充满敌意，心想"你总说自以为是的话"。通过否定对方，来否定对方说的话。

3. 随着时间的流逝，对别人的敌意逐渐淡化，而他所说的话却屡屡浮现在脑海中。

4. 某一时刻，我冷静下来，发现别人说的话指出了我问题的关键。

换个角度思考，就像分裂出另一个自己，内心的格局会慢慢变大。

5. 格局变大，无论批评你的人出于恶意，还是说话不好听，你都会觉得"多亏了那个人"，并对其心存感激。

刚开始别人批评你的时候，内心会感觉受伤，仿佛箭头扎向内心，然后你责怪对方，将箭头射向外面。但是，当你发现"也许他说的是实话"，就会再次转向内心反省自己。最终，内心释然，向外发射温暖、理性的箭。

6. 不管别人说的话多有道理，如果对方的话否定自己的人格，实在不可取，我也要以此为戒，注意说话方式。

这样一来，自己的思维也会发生改变。得益于这样的分析，现在任何人批评我时，我都会分析一下自己处于哪一个阶段，应该进入哪一个阶段，大家也不妨作为参考。希望大家受到批评时，能尽快恢复内心的平静。

没有必要急于改变自己

我对自己的评价比较高。如果满分是 100 分,我会给自己打 65 分。剩下的 35 分,由于超过了自己的能力而暂时做不到。

比如,大家都想为身处困境的人提供帮助,但作为小小的寺院住持,不可能让自己的能力遍及世界各地。因此,只能心怀世界,行在当下。如果勉强为之,反而适得其反。这就是我上面提到的 35 分。

在 65 分中,有 50 分是我当下能做的事,但也有可能因别人的批评而瞬间贬值。65 分中的 15 分就是自己还没做到的部分,正在努力的。

意识到自己有力所不能及的地方并非难事。比如,我早上打招呼用的"早安"中的"は",如果气息不足,就不能清楚发音。

如果早上起来精力充沛，就能正确发音。遗憾的是，十次中只有五次发音清晰。

和别人共同度过一段时间，道别的时候往往会说"辛苦了，谢谢你"。我希望用一句简单的话，对共同度过一段时光的人说出感想。比如，"今天很高兴""今天受益匪浅""非常期待再次相会"之类的常用表达，但我常常说不出口。一边说着"就这样吧"，一边想着怎么回家，或者回去后要做什么，这对面前的人来说是失礼的行为。

如果只是意识到"我还差得远"而什么也不做，那自我评价会更低。

但是，知道自己想做什么，然后有意识地训练自己，思考在与他人分别时的语言表达，意识到自己的不足并加以改进，自我评价中的15分，就有可能成为加分。

如果你有自己想改进的地方，不要过于着急。上面提到的问候和告别语，我自己练习了15年，且尚有不足。自我改变并非那么简单，要成大器，需花时间。

用小欲之锄和知足之锹耕种心田

想要的东西很多,真正得到的却很少,内心自然有所不满。幸福度＝现实÷愿望×100%,这是世人皆知的幸福方程式。比如,有十个愿望只实现了两个,那么幸福度只有五分之一。

幸福度的计算方式有两种:一种是十个愿望实现了多少,另一种是仅仅将愿望设定为两个。我常说"小欲知足",就是缩小欲望而感到满足,内心就会平和。

也许有人觉得愿望太小,是消极的表现。年轻时,当我得不到想要的东西时,就会设想这些东西都是自己的,只是暂时借给别人。这听起来有点荒诞,假装自己拥有某物,虽然思维方式不恰当,但能抑制人频频产生的欲望。

慢慢地,我发现即使不能得到想要的东西,也可以正常生活,甚至认为"某些东西完全不需要"。

就像搬家后，好几个月没有打开纸箱中的家当，但生活照常。所以，这个箱子的家当都是不需要的东西。

我们不仅要意识到内心过多的欲望，还要留意内心的追求，特别是心有不满的状态。

人的欲望是没有止境的，不断追求就会对欲求不满的状态产生依赖。因而，得之则喜，失之则惧。这样内心永远不会感到满足，也无法平静。

古代歌谣中有一句话："不惋惜，不思欲，现在世界就是我的。"正如我年轻时的想法，即使不认为世间之物是我的东西，但只要缩小欲望，心感满足就能保持内心平静。

我们的心可以为了追求而努力，可以是满足现状，也可以即使拥有很少仍然感到满足。

不要用对物质的欲望来填满内心，而是耕作心田，减少欲望和痛苦。用小欲之锄和知足之锹来耕种心田，就可以收获幸福。

遇事绝不可为难自己

我们的心，在自然状态下不断地收缩和膨胀，就像一个可以变化的细胞。

人心具有伸缩性，失落的时候会缩小，但它也可以发挥挑战精神，想变得更强大。

想变得强大，只要稍加努力，我们的心就会变大。只要不为难自己，稍微勉强自己努力是好的。

心如果收缩得太多，人就会面临崩溃。如果自己总感觉无能为力和自卑，就会陷入黑暗的深渊。

这时，需要拿出"天生我材必有用"的勇气，从黑暗中向上攀爬。另外，如果心膨胀过度，也会变得支离破碎。

所以，请多给自己一点时间，与自己的内心相处；如果过于为难自己、逞强，心可能会碎掉。

我认为，让真实的自己慢慢成长，不断强大自己，一切都会慢慢变好。

孤独是好的，但不可以孤立

世间有些事看似相似，实则不同。有位钢笔爱好者曾说，圆珠笔可以记录信息等事务性内容，钢笔却可以记录回忆和情感。受他的影响，我第二天就买了钢笔。

另外，一个象棋名家曾告诉我："烦恼与思考是不同的东西。"仅仅原地踏步而得不出结论就是烦恼，反复动脑得出结论才是思考。知道两者的区别，就能给别人提出良好的建议。

烦恼的人无法客观地把握自己的内心状态。这时，如果有人问他："你是在烦恼，还是在思考？"他就可能恢复冷静状态，重新思考问题。

孤独与孤立两个词语义相似，容易让人混淆。由于各种原因，人与人之间的关系纽带变得脆弱，甚至产生边缘村落、家里蹲、孤独死等孤立性社会问题。这样下去，通过协作精神而建立起来的强大日本，便会变为病态国家。一般而言，孤独是指一个人寂寞的状态。但是进入平成时代后，一个人的孤独状态，变成了褒义词。

从物理上说，孤独是指即使一个人生活，也拥有关系密切的朋友、家人；或者一个人独处，内心依然充实。僧侣坐禅，就是这种体验。

无论从物理还是精神上，孤立是切断了与外在的联系，处于无依无靠的状态。为了填补空虚的内心，要么沉迷游戏不能自拔，要么干脆自暴自弃。

有的人因为恋人、友人等亲密关系而感到烦恼，从而决定"不谈恋爱"或"不需要朋友"，放弃各种关系使自己变得轻松。

但是，想要孤立地生活，就要做好不需要援助、不求别人的心理准备。这与倔强、自暴自弃这样将错就错的做法看似相似，实则不同。

即使孤独，也不要孤立。不要因为求之不得，就说"我什么都不需要"之类的话，这就像孩子自暴自弃的做法。

要意识到一个人的力量有限

当事情在自己的努力与他人的助力、自然之力三者相结合时，才得以顺利发展，最终取得好的结果。

即便只是走在路上，也并非自己一个人在努力，少不了铺路的人付出的艰辛。此外，作为自然产物，用于铺路的碎石、土、柏油等材料，都发挥着一定的作用。

不能认为活着是自己的事，即使自己再努力，也不可能让心脏一直跳动。身体受了伤，也不是只要自己努力，就能马上让伤口愈合。

有的人靠自己赚钱享受生活，认为自己不需要周围人的帮助。工资确实是劳动报酬所得，但不管是制造业，还是服务行业，如果没有消费者，就不会产生收入。感知并感谢他人的帮助，内心会变得更丰富。

如果不明白这个道理，误以为自己一个人什么都能做，失去谦逊之心，就会变得孤独傲慢。

认为自己不需要任何人的帮助，这样的想法不值得自豪，还会被周围人取笑，觉得你只是自以为了不起。

与其这样，不如认识生活中他人给我们带来的各种各样的帮助，对人生的感知会更丰富。

机遇伴随危机而来

当处于无能为力的状态时，我们要历经怎样的过程，才能走出这样的状态？女医生库伯勒·罗斯通过对大量患者内心变化进行分析，提出了五阶段理论模型：

第一阶段是否认，觉得自己不可能患这样的病，可能是误诊，即否定现实的时期；

第二阶段是愤怒，想着为什么偏偏是自己而不是别人，觉得难以理解，没有理由，即迁怒他人的时期；

第三阶段是挣扎，为什么会患这样的病，为这个病寻找治疗机会，为治病付出努力的时期；

第四阶段是抑郁，没有办法只得放弃，内心无力、抑郁的时期；

第五阶段是接受，接受自己疾病或死亡的时期。

罗斯的理论模型常用于临床治疗，但如果仅限于此，那就太可惜了。患上不治之症时，如果了解上述心理变化的过程，就能判断自己处于哪种状态。

在我看来，尽可能直接进入第五阶段，就能知道当前应该做些什么。

与其思考为什么患这个病，不如早点承认患病的现实，思考如何治疗，以及如何在患病期间过得有意义。

生病的时候，不妨把它视为一次磨炼心灵的挑战。

现在的你就很好

有的人经常否定自己，理由各种各样。

比如，无法满足父母或社会的期待，做事偏离了一般常识或大众认知。我也常常在自我肯定和自我否定中徘徊。

内心不安地过日子，偶尔听到"接纳真实的自己""活出自己"的说法，便不由自主地认同说："对呀，只能这样啦。"如果仅从表面理解这两句话，反而会产生相反的效果。

如果浅薄地理解这两句话，索性豁出去，认为不符合他人的期望也没关系，甚至与之背道而驰或打破常识，结果反而会将错就错，以自己是受害者、自怜者的视角看待问题。

这样的话，眼前仍是彻底的黑暗，内心依然无法宁静。

"接纳真实的自己"与"活出自己"的第一步，就是了解自己的不足之处，承认对自己并不完全了解。

所谓"接纳真实的自己",就是要觉察并接纳自己的脆弱,想办法改进自己,强大自己。

"活出自己"就是认识到自己力所不能之处,努力做到以前做不到的,这样就可以了。拥有一颗向上的心,现在这样的你就很好。

4 第四章
不比较、不苛责、不拖延

不是"你不如人",而是还有改进的空间

通过与周围人比较,我们能更好地认识自己。如果轻视不如自己的人,可不是什么明智之举。

轻视不如自己的人,也会被比自己优秀的人嘲笑。如果总是向下比,得意扬扬,就不会再进步,渐渐走向失败。对于现在不如自己的人,我们应该伸出援手,帮助他们前进。这才是优秀且成熟的做法。

丰富的知识、卓越的能力以及高尚的人格等,如果向下比,不如你的人数不胜数;向上比,比你优秀的人多如繁星。有的人觉得自愧不如,干脆逃跑算了。这些逃跑者,大多数是经常轻视别人,或不求上进的人。

令人心悦诚服的伟人,大多心胸宽广,乐于助人。他们愿对人施以援手,甚至放下身段默默地在背后推动别人前进。

要成为那样的人，就要一步一个脚印，慢慢向上走。

我在三十多岁的时候，曾经遇到过两个有此志向的人。当然，此前也碰到过很优秀的人，只不过因年轻而没有意识到。

有个说法是"时间等人"，无论我们多么着急，时机未到，你就不会遇到那个人。

上面提到的两个人，其中一位是和尚。他总是精神饱满，拥有丰富的佛学知识，并且擅长书法。他虽然喜爱喝酒，但很有礼貌，与任何人交往不卑不怯，满怀自信。

另一位是幽默风趣、富有人情味的资深播音员。他曾说："语言不会伤人，心才会伤害别人，修炼心性就可以给人温暖。"他的这句话，一直指引着我前行。

与他们相比，现在的我还差得远，但他们的思想与行为帮助我不断向上努力，让我觉得自己还有改进的空间。

世间存在四种人

我们经常会听到"对自己宽容,对别人严格""对自己宽容,对别人也宽容"之类的话。我总结了一下,世间存在四种人:

1. 对自己宽容,对别人也宽容;

2. 对自己宽容,却对别人严格;

3. 对自己严格,却对别人宽容;

4. 对自己严格,对别人也严格。

如果排序的话,我觉得3(对自己严格,却对别人宽容)是最理想的选择,应排第一。与之相反,2(对自己宽容,却对别人严格)最不可取,应排在最后。那第二位和第三位应该怎么排呢?也就是说,1(对自己宽容,对别人也宽容)与4(对自己严格,对别人也严格),哪个更好一些?

我问妻子,她的回答是对人对己皆严格应排第二,对人对己皆宽容应居第三(按照妻子的看法,我现在的行事习惯只能排第三)。

上述排序,因人而异。我也曾问朋友:"如果你是上司的话,如何排序"?有意思的是,且不说对别人,他们大多选择对自己严格,几乎都反对纵容己过。

如果将上司换成其他角色,比如朋友或恋人,应该会出现不同的结果。我将"对自己严格,却对别人宽容"视为理想状态,你会如何选择呢?

麻烦是相互的

我小时候,母亲经常嘱咐我"不要给别人添麻烦。"如果我给别人麻烦,母亲和父亲就会提醒我。

像教师、警察和律师等职业,如果身边有行事欠妥的人,就不应该保持沉默。如果不予理会,就会有人背后说你:"对别人趾高气扬,却对自己身边人放纵不管。"这样不仅对当事人有影响,还会让人们失去对你这个职业的信任。

因此,在孩子还不能判断是否给人添麻烦时,最好严格管教。除了职业,住得很近或关系亲密的亲戚之间,也要注意这个问题。这是日本"耻文化"的表现之一。

当我认为自己被"不给人添麻烦"这句话束缚,不能做自己想做的事,我便问母亲:"只要不给人添麻烦,是不是我做什么事都行?"母亲认为道理就是这样,但我之后还是无法依从内心行事。

后来我终于明白，添不添麻烦并非自己说了算，而是取决于对方。自己不觉得给人添麻烦，但对方认为是麻烦，那就是添麻烦。相反，自己觉得给人添了麻烦，但对方觉得一点不麻烦，这种情况也不少见。判断是否添麻烦，由对方掌握话语权。

生活中人与人之间相互依赖、相互依存和帮助，彼此处于一种互帮互助的关系。你的所作所为是否会给对方带来麻烦，由对方来判断。

相反，别人的举动是否给你带来麻烦，则由你判断。如果你觉得麻烦，那么想一想人生本来就处于彼此依存中，内心就会释然。在我看来，如果能为别人提供帮助，即使自己被麻烦也心甘情愿。

对于不怎么顾及别人感受的人，除了表示"没关系，有的事还要麻烦你"之外，还要加上一句：这个世界上，无论是添麻烦还是被麻烦，都是相互的。"

执着于得失，反而损失更多

损益（得失）是经济学专用词汇，若在其他方面使用往往会惹人讨厌。

我既不从事生产赚钱，也不以经营作为谋生手段。所以，我常说这样的漂亮话："不能以得失衡量人生的价值。"如果仅靠金钱来衡量得失，那在不知不觉中得失就会成为贯穿生活乃至整个人生的价值标准。

很多人认为，为别人做事会让自己的利益受损。无论是在社团任职，还是担任朋友聚会的组织者，都会先考虑得失的问题。即使有人不得已接受了这项任务，也会满腹牢骚地感叹"真是麻烦"，这样就不可能积极地做好这件事。

没有人愿意和整日计较得失的人相处。如果凡事都计较得失，总有一天会被孤立。

当你上了年纪,孤独一人时再明白这个道理,已经为时已晚。

因此,年轻时就尽量调整自己的观点,不要把得失挂在嘴边。

我从 30 岁左右有意识地调整自己。当时,就连金钱我也有意识地避免使用"损益"。比如,要是 A 商店东西比 B 商店贵,我不说"买 A 商店的东西是损失",而会说"在 A 商店买有点浪费。"

我的目标是让心量越来越大。不过,并不是做什么事情使心量增大,所做的事情本身已经让心变得更为宽广。正因为意识到这一点,当我用得失衡量事情价值的瞬间,心量的扩大也会受到阻碍。

不管我怎么说,喜欢以得失衡量一切的人可能很难下决心改掉这个习惯。然而,总想着得失,实际上内心会失去更多。

被别人讨厌，你的感受如何

在幼儿园玩过家家游戏时，大多数孩子喜欢扮演孩子，而非父母的角色。原因可能是，大家都觉得孩子无条件地被人爱着。

无论多么可爱的小动物，有的人担心被咬或不喜欢碰毛而不喜欢它。同样的道理，与不同的人相处，想被每个人喜欢是不可能的。

有人喜欢你，有人讨厌你，有人对你没有特别的感觉，这些都是正常的。和蔼可亲的人，可能会被认为八面玲珑；诚实稳重的人，或许会被怀疑有城府。

话说回来，人是想要被喜欢的动物。婴儿的微笑就是为了赢得大人对自己的好感，避免自己受到危害。也就是说，如果被大人喜欢，他们就能舒服地过日子。

有句话是"笑容可熔刀剑",如果自己能得到他人的喜欢,那么就能减少许多危险。

但是,为了赢得他人的喜欢,扮演他人喜欢的人,自己也会疲惫不堪,甚至失去原本的自己。

特别是如果不想被人讨厌,而表现出想让别人喜欢的样子,自己内心也会烦恼不已。从希望被人喜欢,到即使不喜欢也不至于被讨厌,再到即使讨厌也没有关系,这个思维过程,其实就是逐渐摆脱别人的眼光,自我肯定的过程。

之所以说不要在意被人讨厌,是因为别人没有彻底否定你的理由,他并没有发现你真正的优点。

正在看本书的你,应该敢于正视自己的优点和缺点。我想说的是,世界上没有人比你更了解自己的缺点。如果你不想被讨厌,我推荐给你一个方法,那就是先去喜欢别人。换句话说,与其重视别人怎么看你,不如更好地看待别人。

在意别人的眼光前应该做的事

越是觉得朋友少而自卑的人，越喜欢在社交网站上晒与别人的合照。交朋友看似简单，实则很难。如果非要和别人做朋友，一味地取悦对方，这种反常的亲密，反而让对方渐渐疏远。

交朋友不应勉强，而应以真实的自己同别人交往。

如果这么做，依然没人愿意和你交朋友，那将是改造自己的好机会。真实的自己有哪些不好的地方，慢慢改正，成为一个让自己喜欢的人。

有的人在意别人的眼光，觉得自己没有朋友感觉孤独。实际上，缺少朋友而感觉孤独的人，可以尝试上一段的做法。我推荐你去能遇到意气相投者的地方，敞开心扉与人交往，没有必要讨好对方。

无论是谁，都有一个自我眼中的"第一自己"，一个别人眼中的"第二自己"。"第一自己"—我觉得自己就是这样的人，"第二自己"是别人眼中的你。

缩小"第一自己"和"第二自己"两者之间的差距，就会诞生"第三自己"。

认识到自己就是这样的人，反省自己哪方面不擅长，然后打造全新的自己。一个人体验过这三个阶段，就能逐渐认清自己。

有些人过于在意他人的眼光，总想着他人是不是关注自己有没有朋友，是不是取笑自己。如果总这样想，可能比较麻烦。因为缺少"第一自己"的基本判断，只能依靠别人眼中的"第二自己"。

这样就像把自己的事交给别人做。所以，在意别人的眼光前，应该先对自己用心。

每个人都习惯以自我为中心

我关注过两个人。一个人只谈论自己的事情。即便一群人聊的话题与他无关,他也会插话:"现在这个事,我是如何如何。"他工作十分认真努力,但喜欢把自己做的事以及与自己相关的事说给别人听。他对别人的谈话不感兴趣,把自己放在比别人优先的位置。

另一个人,十分关注别人对自己的看法。在聊天过程中,他说完后会环视四周,看看其他人是否关注自己。然而,无论他怎么渴求认同,话题还会持续下去。当他发现并没有人特别在意他时,脸上会流露出失落的表情。即使别人已经继续下面的话题,他还在反复咀嚼自己说的话,期待周围人的反应。这个人同样也是以自我为中心。

在我看来,任何人都应该以自我为中心观察、判断、行动,并且只能这样做。怎么想,怎么做,除了自己外没有人能决定。

无论多么具有奉献精神的人，当他想着"为别人做些什么"时，其主语仍然是"我"。此外，别人让你帮这个人做点什么，在你看来，这里的主语同样是"我"。

每个人的思考和行动，本质上都是以自我为中心。总而言之，每个人都是以自我为中心的，这是正常的。

问题不是以自我为中心，而是完全不考虑他人。如果一个人总是将自己放在优先的位置，那么在这个由人与人构成的世界，你将会遇到很多困难。

对别人的话题抱有兴趣（如果没有兴趣的话，自己的感性会变得迟钝），不必担心别人的看法，才能保持一颗平和之心。

"无所事事"的日子才是最棒的

"啊,今天真是无聊的一天。世界上那么多有趣和快乐的事情,为何与我无关,我的日子总是很无聊。"产生这种想法的人,其实是感性钝的表现。

烹饪一桌佳肴是一件快乐的事,走路时随手触摸树干、抚摸树叶也是一种幸福。上学时,如果埋头苦读,就能领会无限的乐趣。在工作和学习中,不断创新,也会收获全新的体验。在傍晚或夜间散散步,能感受到与白天不一样的风景。

在夕阳下的街头散步,家家户户飘散出的美味,为你明天的美食菜单提供了灵感。漫步时,看到月光或街灯下的身影,好似回到孩提时代,心情非常愉悦。重读以前的书也是一种乐趣,或是在电影院看一场自己喜欢的电影。泡个澡放松一下疲惫的身体,也许你就会不由自主地感叹:"真是美妙极了。"

像这样，在平凡的一天中，我们的内心舒缓放松，既有不经意的惊喜，也有很多愉悦的体验。

只需稍微用心体验，就是快乐的一天。禅宗提倡的"日日是好日"，就是这个道理。我们不妨把这句话牢记在心里。

不必去和别人比较。自己幸福与否，是自己亲身经历的感受，而不是与别人比较而来。

一些人通过与他人比较来确认自己过得不错。对他们来说，即使一天没发生什么好事，与遇到坏事的人相比，这一天也是美好的。

也许被比较的人知道后会生气，但是同工作、生活过得糟糕的人相比，平凡的日子就是最棒的一天。因此，没有理由觉得"无所事事"的日子是无聊的。

当你感到无聊时，就要意识到需要调整内心的感知系统。这样想，说不定你就会和"无聊"说再见。

你能为别人的成功喝彩吗

有句格言说:"别人的失败是甜蜜的味道,别人的成功是嫉妒的种子。"一般来说,大多数人看到别人的失败内心窃喜,对别人的成功心生妒忌。

如果能察觉到自己内心的气量狭小是件好事,但如果被"甜蜜"驱使,让嫉妒占据内心,认为本应如此,那就太糟糕了。恶魔,从来不会认识到自己是恶魔。

不妨在别人成功时像自己获得成功一样,向对方说声"你真棒",并真诚地表达祝贺之情。不过,这确实很难做到。究竟是什么影响了我们发自内心的喜悦?我觉得需要从内心的根源入手。

自己明明努力追求成功,却被别人捷足先登。就像是参加同一场比赛,得了一等奖的人会受到嫉妒。不管获得第几名,只要沿着自己的路不断前进就好。

自己成功能获得众人瞩目，而其他人成功就会分散你的光芒吗？这好比独生子享尽父母之爱，可一旦有了弟弟妹妹，自己就无法独享这份宠爱。父母之爱和别人的关注，就像分裂的细胞，作为三个孩子的父亲，我觉得虽然孩子增多，但我对他们的关爱和关注却不会减少。

还有的人嫉妒成功的人，过得比我们好。比如，学生时代的朋友取得了成功。这是因为他选择了和我们不同的人生道路，他的成功和我们没有关系，也不会对我们造成影响。如果能及早发现别人的可圈可点之处，反而有助于成长。

当然，一味地与他人比较，不可能对他人的成功感到欣喜。如果只有与别人比较才能确认自己的生活，这样所见所闻都容易令你产生嫉妒或傲慢。心就像不断摇动的钟摆，在嫉妒和傲慢之间来回摆动。

我们不妨在生活中尝试练习，做到不与他人比较。我自己曾经练习了三年。其间，我数百次感到自己"还在和人比"或"又想比赛"，最终令这种比较之心停止。此后，我开始由衷地为别人的成功感到高兴。

找到生气的开关

了解自己容易在哪些方面生气,这点非常重要。根据我的经验,分析生气的根源比不生气更重要。

生气的背后,往往是不能心想事成。放纵自己生气,不仅扰乱内心,增加内心的愤懑,还会攻击别人的弱点,伤害对方,引发各种烦恼。

但是,想要抑制怒气却不容易。在40多岁前,我经常生气。

一次是有人在公共场所乱扔垃圾。他边走边扔,甚至从车里向外抛,让人看了十分气恼。我的心瞬间就被怒火点燃,连忙呵斥他:"你扔了,谁来打扫?"而现在,我会走到他面前把垃圾装进袋子里。

另一种同样无法令人置若罔闻。就是各种不雅的吃饭方式,如盘腿吃饭,支着胳膊肘吃饭,吃饭时喜欢发出声音,有的人甚至三种行为都有。吃饭时，如果有这样的人在我身边，我会立即起身离开。这并不是说我吃饭的方式非常讲究，所以和我一起用餐也不要有什么期待。

除了社会上的不道德的现象，日常生活中我很少被激怒。当怒火将要燃起时，不妨换位思考，微笑地说一句"嗨，你还好吗？"

当你知道因何而动怒之前，请让自己保持心平气和。对于不知道你为什么生气的人，请先心平气和地与他沟通。也许你能轻而易举地控制怒气，这样扰乱内心的事情就少了一件。

如果遇到令你羡慕的人

世界上总有一些非常厉害的人，如果比不过这个人，就会不自觉地举起白旗，想要认输。通常，这种非凡的人都是1%的才华加上99%的努力。但是，很多人只看到别人1%的才华，而没有看到他背后99%的努力。所以，担心自己做不到像他这样。

如果发现自己与别人差距很大，就不必羡慕他人的天分。

有一个女性朋友喜欢唱歌，她说"自己没什么才能，如果不付出常人十倍的努力，就会一事无成。"因此在半年之内，她拼命练习。

功夫不负有心人，在赛场上她最终获得第一名。对此，她感慨地说："一次胜利可能是偶然，两次胜利也许是幸运，三次胜利就是实力。因此，我的目标是连胜三次。"

她的毅力实在令人钦佩。同样的歌曲，别人只要五分钟就能唱得自然，她却需要花费半年反复训练。不得不说，有时人与人之间天生的差距就是这么明显。

人既有与生俱来的天赋，也有尚未被开发的天赋。唤醒天赋最好的方式就是努力。

接受你羡慕之人的建议并为之努力，你的才华就有可能被激发。

如果仅仅羡慕别人，而不去行动，你的才华只能孕育出花蕾，不会开花结果。所以，不妨大胆一些，请挑战一下自己吧。

不要想"这是我的东西"

中学第一次接触到英语"我"的变格形式,我被"mine(我的)"这个词惊到了。只要一个词就可以表示"我的东西",我当时感觉有点不可思议。

在中学时,我想要的东西像山一样多。对于没有的东西,想着无论如何都要得到。当时有一种欲望,想将所见所闻之物皆视为己有。当然,也会面对爱而不得的痛苦。这就像为了掩饰无能的自己,想要把所有的东西变成自己的一部分。

那时候我最想要的东西是什么呢?我首先想到的是名字,长辈给我们起的名字是对我们人生的期望。在日本,有人为了不让别人知道自己的真名,存在一种"隐名"文化。拥有自己的真名,就是"我想要的东西"。

父母给我们起的名字与我们自己的意志无关。也许是他们把想要的东西寄托在我们身上。那是父母想要的，不是我们想要的。

在成长过程中，我们希望将很多东西贴上标签，变成"我的东西"，并且越贴越多。不仅仅是物品，就连知识、技术、财产、地位、名誉以及与人的关系等，都想通过变成自己的东西来强大自己。

此外，那些还没贴上的东西，看上去漂亮、坚韧、精彩的东西，也想通过不断贴标签来变成自己的。一旦别人贴的东西与自己贴的东西一样，自己就会不高兴。

我们何不放弃这些外在的东西呢？放弃外在的标签，通过强化内在让自己变得强大。在拥有名字之前，有一个完全属于我的东西，那就是生命。无须任何修饰的宝贵生命，是我们最早获得的东西。

不过，在我看来，连生命都不算是"我的东西"，而是上天赐予的。因此，舍弃"我的东西"这个意识，生活就会轻松许多。

嫉妒是因为"现在的自己不幸福"

人有一种麻烦的情绪,那就是嫉妒。嫉妒一旦产生,内心就难以平静。

为解决这种烦恼,我曾写过一本《烦恼力》的书。

所谓嫉妒,是对别人地位、成功、财产、技术、知识等产生的不悦心理,甚至产生想要阻碍别人成功的心理。

引起嫉妒的主要原因是比较。自己对拥有的原本已经知足,但与别人相比,内心就产生了痛苦。

嫉妒是一种源于比较的恶性循环,是不容易处理的烦恼,因为它意图阻碍别人成功,想让别人都不如自己。

同样,因爱而产生嫉妒,内心也会难以平静。自己本应收获的爱一旦转向他人,就容易产生嫉妒。幸运的是,这数十年来我没有产生过这样的嫉妒心。我觉得自己获得了足够的爱，因此与其关心自己，不如主动关怀他人。当我这样想，嫉妒便与我无缘。

不管是羡慕别人，还是自己本应收获的爱转向了他人，我们都应冷静地认识到：因为现在的我还不幸福，所以才和别人比较。之后，我们便能慢慢找到幸福的方向。

争吵其实毫无意义

宫泽贤治的《不怕风雨》中有这样一句话："如果北家吵架闹诉讼，劝他不要因琐事而争吵。"当争吵或诉讼结束后，你会发现这些事情毫无意义。

但是，如果双方都碍于面子互不让步，无论结果如何，双方都不会开心。

只要发生纷争就有调解者出现。电视剧中会有这样的角色，台词一般是："请暂停一下，我知道你们各自都有道理，但我在这儿请先把刀放回鞘中。"然后，他听取双方的意见，在不伤害双方面子的情况下解决问题。后来，渐渐发展为现在的法院调停委员。

现在的结婚仪式已经取消了证婚人，实际上证婚人发挥着十分重要的作用。我曾经当证婚人时，告诉新郎、新娘："如果你们今后发生争吵，请到我这里来。因为我有作为证婚人的义务。"在我看来，离婚率的攀升与缺少证婚人之间存在某种关系。

当我遇到关系好的恋人或夫妻，会询问他们："你们不会吵架吗？"其中一方笑着告诉我："虽然有时很想大吵一架，但一想到要是因此不能在一起了，今后没有吵架的机会，就不想吵架了。"

与我对话的一方，此时看着另一半，继续说："想到这里，什么事都想开了，您说呢？"

吵架不是一个人的事，有人挑起争端也有人是被动的。引发冲突的人可能一时头脑发热，但随着你一言我一语，双方都会燃起怒火。因此，被挑衅的一方，应该冷静地意识到这场争吵其实毫无意义。如果不得已被卷入其中，最好找人仲裁或评理。

对于无意义的争吵，无论谁胜出都不是光彩的事情。

不要自满和自夸

如果对自己做的事感到满意,那完成后就可以放下。但是,自己所做的事,总想让人知道,想被人认可,就会变成一件麻烦的事。

也就是说,本来做完就可以画上圆满的句号,以崭新的心情尝试下一件事情。但是,如果骄傲自满,想在别人面前炫耀,就还有"多余的工作"要做。这个"多余的工作",往往是在意对他人的评价,可以说平添麻烦。

我此前也有过类似的经历。前文提到过,我经常会无偿参加社会活动,贡献自己的一份力量,平时还需要照料寺院,倾听并开解有烦恼的访客,还需制作宣传活动相关的网页,撰写博客等,十分辛苦。

我有时想,把上面这些事写出来,是不是我对自己所做的事感到骄傲,想炫耀呢?

然而，如果将我所做的事情在博客中一一讲述，做出让人知道或认可的言行举动，就像是多余的工作。

这些多余的工作，不仅耗费自己的时间和精力，更会给自己平添烦恼。

其实，在自满、骄傲之前，好好想一想，自己所做的事，其实是得到许多人的帮助。拿今天来说，别人为我做的事，似乎比自己付出的更多。

人生顺利的秘诀不是金钱，而是人格

金钱是不断流动的，何时光顾你，有时也看运气。其实，即便金钱可以流转回来，也不会在自己手中停留太久。也许你会懊恼金钱都流向了别人腰包，但也不可能永远属于别人。

产生欲望的是我们的内心。心有时候像毒蛇或猛兽，比燎原之火还危险。人的本性是一种惯性行为，如果放纵不管，其危害无穷。

因此，绝不能放任自己的本性行事。面对金钱，尽早控制自己不加节制的欲望。

最好不要在人面前说："我损失了多少，我得到了多少。"经常说这样的话，别人会觉得这个人"已经被金钱牵着鼻子走"，或者"为了钱可以不择手段"。

没有钱的话，想办法就好了。将手里的钱存起来积少成多，积分卡也可以有效地利用起来，购买的食品在变坏之前吃完也是理所当然的。

不浪费是一种美德，它往往使"贫穷神"束手无策。不浪费的生活，最终会赶走"贫穷神"。

所谓"贫则顿"，是指因贫穷而劳苦，才智变得迟钝，品性有所下降。诚然，世间固然存在因贫穷而使生活变得被动，品性下降的人。但是，更多的人其实是被金钱牵着鼻子，甚至丧失了基本的品德。

要想人生过得顺利，与其靠运气，不如靠才智；与其靠才智，不如靠人格。

要拥有高尚人格，就要学会合理地使用金钱。如果觉得自己在这方面有欠缺，就要下功夫提升自己。

第五章
让人生变简单的秘诀

与人交流依靠感觉，而非思考

曾经有位太太问我："最近有事我不得不与人交流，但我不擅长在人前讲话，无法表达我内心想说的，我该怎么办呢？"

"什么？您不擅长与人交流，想要远离人群，可是您的爱人也是人，您和他说话会表达内心的感受吗？"我问她。

"您是开玩笑吧……"

也许没有人认为与家人朋友交流辛苦。因为这样的交流无须思考、准备和判断。

我每个月有数十次需要面向众人讲话，其实我向来不擅长说话。所以，我也常常感到棘手。

即使现在，有时我在众人面前讲话仍然不敢与人对视。我意识到不能一脸严肃，还是要有目光交流。当然，我不会把对面的人视为木头，这是失礼的想法，也不会做在马路上大声说话的不雅行为。

在会议或者宴会等重要场合和不怎么亲密的人交流时，我认为需要把握三个重要的时机：

1. 不能说，必须沉默的时候；
2. 说与不说都可以的时候；
3. 必须说，不能沉默的时候。

把握这样的时机非常困难，我自己也经常失败。比如在不能说的时候开口，在氛围正好时横插一句，或者在不得不说时缄默不语，都会让周围的人（主要是家人）颦蹙不已。

在我看来，恰到好处地把握说话的时机，说出得体的语言，需要做的就是认真倾听别人说话。一边听别人说话，一边考虑自己必须说些什么，这样做是不妥的。

在不得不说的时候，不说经过思考的话，而是说内心的感受。如果你不擅长表达想说的话，就要认真倾听，让自己的感受优先于思考。根据我的经验，这样容易说出自己内心想说的话。

说话的基本是诚实

原播音员村上正行（1924—2005）先生，最早在日本的流动广播站工作。面对广播听众，他播音时显得旁若无人，声音听起来舒服自然。

我父亲曾经被邀请参加村上先生的节目，与村上先生相识。我邀请村上先生参加我举办的"说话学习会"，他颇受大家欢迎。村上先生教授给我们交流的秘诀，至今仍被我奉为瑰宝。

交流就像投球游戏，那么投球的基本是什么呢？就是投让对方容易接的球，最好不要投快球或变化的球。如果对方还未做好准备就投球（交流），就违背了日常对话的原则。

交流的基本是不做作，不装腔作势，不盛气凌人。在庆祝会上，主宾级人物的发言如果让人感到无聊，就是这方面做的有所欠妥。

而在众人面前发言与一般聊天不同，需要适当地装模作样，显出自信的样子。比如说，"咦？今天真心的……"的表达，就偏离了基本原则。所以，一般情况不说"咦？"而直接说"今天真的……"，对方就会认真听你讲。

日语中的交流、离开、放开这三个词语同源。放下自己的想法倾听对方说话，敞开心扉释放出的内容就是交流。为了不说出伤害他人的话，我们应随时磨炼内心。

要真诚地与人交流，除了不说谎话，还需做到不花言巧语、不口出恶言、不搬弄是非。

村上先生教给我们的"投球游戏式交流""不做作，不装腔作势，不盛气凌人""敞开心扉地交流"，都是告诉我们要如实地表达自己，与人真诚地交往。

这三年来，仅仅是平时说话时注意以上几点，我的说话方式就发生了很大改变。

即使口才不佳，也能向对方传递美好的感觉，让对方心情舒畅。总之，不管用词是否华丽、得当，心灵与语言的真诚才是最重要的。

表达意见时，注意表达的顺序

人说话时往往喜欢把需要强调的事放在最后说。

比如，恋人聊天时说："你真傻，但我喜欢你"，是想强调喜欢对方。如果把这句话换下顺序："我喜欢你，但你真傻"，就歪曲本意，甚至导致分手。

当你度过繁忙的一周，说："这一周事真多呀，但这就是人生呀"，不管这一周经历了好事还是坏事，都表示自己接受了这一周的生活。如果反过来说："这就是人生呀，但是这一周事真多呀"，听的人觉得你牢骚满腹。

放在最后说的话更重要，不仅仅说的一方这样认为，听者也一样。也就是说，最后那句话，往往会留在我们心里。

如果说"那个人刀子嘴，但是人很好"，是让人觉得在夸这个人好。相反，如果说"这个人是好人，但说话很刻薄"，是告诉别人要当心这个人。

父母、老师、上司，经常运用这种说话方式来培养、教育人。

比如"虽然没收拾玩具，但他是个不挑食的好孩子"，"学业虽然有待进步，但能为朋友着想"，"工作虽然表现不突出，但在公司最懂礼貌"等等。

这样的表达，听到的人也会心情愉悦，容易接受句子前半部分的内容，以后收拾玩具、好好学习、努力工作。

可能有人是勉强、刻意这样说，但真正内心温和、体贴的人会自然而然地以这种方式说话。鼓励的话不在后半部分说，可能会让对方失望、生气、颓废。只要一个人自然地说出激励人的话语，我就愿意向他学习。

夜晚,请安静地度过

自从人类学会了直立行走,就从猿的祖先中分化出来,摆脱了此前在树上的生活,走向广阔的草原。

当家人告诉我"你要稍微跑跑步,锻炼身体"时,我会说"动物奔跑要么是为了捕食,要么是害怕成为猎物",以此为借口拒绝走出家门。

在人类的发展进程中,人类越来越习惯白天活动,夜间好好休息,形成非夜行性的本能。尽可能地遵守这个规律,才能更好地生活下去。

古时候,人们认为夜晚是人以外的妖怪在外徘徊的时间。俗语"夜间不能吹口哨",是担心吸引妖魔鬼怪,所以古人通常夜间不外出。

此外,夜晚有助于恢复白天活动产生的疲劳状态。当然,少量饮酒也有这种作用。

另外，只有夜晚，才能再次展示灯的作用。不仅白昼的光亮令人赞叹，夜间的灯光、烟花或微弱的光，使夜晚更具美感。

在这个商店 24 小时营业、宣传爆炸、网络遍布的社会，有人觉得在夜晚什么都不做的悠闲生活是浪费生命。

但是，白天工作晚上玩耍，身心会一直处于亢奋状态而无法放松。白天工作繁忙的人，夜间更需要安静的时间恢复身心的平衡状态。努力与休息，同样重要。

有的人在一年中安排了各种各样的活动，每次都精神饱满，一年过得很充实。其实，他们很懂得管理自己的精力，白天就是进行活动的时间，夜晚就是休息的时间。

所以，在夜晚，请安静地度过。

减少好恶感的秘诀

在担任小学PTA（家长会）负责人时，我发现对人喜欢或讨厌分明的人，对食物的好恶感也很强。

有些小孩的母亲说："这个人好恶分明。"和她们一起吃饭时，她们通常会明确表示"这个不吃，那个不吃。"

当时，我觉得人对食物的好恶并无不妥。但是，这些母亲却不让孩子挑食，想必这个孩子会很辛苦吧。

母亲让孩子"不要挑食"，孩子却发现妈妈也有不吃的东西。很多父母为了让孩子未来更顺利，以自己主观的想法管教孩子，孩子的人生之路反而崎岖不平。

同样，对人没有好恶感，人际关系会更加协调，有助于拓展人生的深度。如果理解这一点，就容易觉察到"对别人好恶感强，原因可能在于自己。"其实，有个简单的办法可以处理好恶感，那就是找到自己和讨厌的人身上的共同点。

比如你们年龄相仿，住在同一场所，在同一个公司上班，拥有同样的烦恼，在同一天出生，等等，应该会有很多共同点。当你发现这些，你对对方的厌恶感就会大大减少。

另外，我注意到吃饭方式也与内心有关。比如有人"塞饭"，会给人一种不礼貌的印象。吃饭是生存的基本，粗暴地对待吃饭，其实对人生、人际关系也会有影响。

孩子们在吃饭前会说："每一粒米汇聚了千万人的辛苦，每一滴水都是天地的恩惠，我十分感激。"饭后，大家也会说"谢谢款待"。

大家吃饭时，也不妨试着对食物表示感谢。

用心生活，需要锻炼爱的能力

我曾经和一个编辑聊天，他 37 岁，有两个孩子，他说："最近我想要用心生活。"

这好像是 15 年前的事。当时，我只是觉得"用心生活"很好，但并没有身体力行地实践，就这样匆匆忙忙、稀里糊涂地度过了。

带狗散步、沐浴或抄经的时候，一有时间我就思考"用心生活"是一种什么状态。

我查阅了词典，上面对"用心活"的解释有"认真且细致周密，能体察十分细微的地方"，还有"动作、语言礼貌周到，内心有诚意"。查完后，我有点似懂非懂。

我能理解"动作、语言礼貌周到，内心有诚意"，但词典里并没有告诉我应该怎么做才能达到这种状态。字典里当然不会写这些。对于如何做，每个人都有自己的想法。

比如，用心撰写文章，认真地读书、工作、说话、吃饭、沐浴……想要用心细致地生活，我们到底该做什么呢？

现在，我的结论是"对于某件事，如果没有感到爱和不可替代，就不算用心。"要想写出用心的文章，必须从读者的角度出发，感受自己与读者不可替代的缘分。

想到这里，我不禁有些懊悔。这15年间，我不认为自己是用心生活。也就是说，我只是努力工作，粗糙地生活，对自己所做的事没有感到爱和无可替代。

不知大家现在都过着什么样的生活，是拼尽全力，认真忘我，得过且过，或是没有办法？不管如何，请你不妨尝试一下用心生活。

当我们在用心生活中感受到爱，不可替代时，闷闷不乐或焦躁不安的心情就会在不知不觉中烟消云散。

了解"对金钱没有安全感"的本质

· 电视播放的街头采访中,记者问人们:"你现在最想要什么",得到最多的回答是"钱"。我每次听到这个想法都非常吃惊。

如果采访我,我可能会说"内心的安宁"或"幸福"。

每个人的追求不同,这无可厚非,但金钱只是手段,有些人却把它当成最喜欢的东西。

这就像询问想要拿到位于高处物品的人:"现在想要什么",他的回答是"梯子"一样。

如果将手段视为目标,就本末倒置了。拿和尚来说,开悟是最终追求的目标,剃发只是手段。如果每天沉迷于剃发,研究哪把剃刀好,剃完后,想着用什么乳霜缓解头皮的刺痛感,然后心满意足地想:"今天剃得很顺利,没了刺痛感真舒服。"这样,开悟这一目标就渐渐淡化了。

金钱是生存的必要手段。金钱（不使用当然没有意义）可以保证衣食住行，是维系衣食住行不可或缺的。

如果有人免费为我们提供住所、食物或衣服，那么基本不需要钱。

钱在保障衣食住行方面十分必要，一旦缺少，生活很难维持下去。换句话说，没有钱的话，衣食住行就无法保障，只能无奈地面对死亡。为了避免这样的情况，我们应各自纳税，互帮互助。

面对信息，不要"暴饮暴食"

在信息化社会，有些事令我十分困惑。其中，有代表性的一句话是"咦，你不知道吗，那个很有名呀。"

比我年幼的人，可能会使用敬语，但表达的意思一样——我知道，你不知道。在20多岁时，我也曾得意扬扬地说过类似的话，因此对这种表达更有感触。

幸运的是，对于我"你不知道吗"之类的问话，当时听者只是和善地回答："是吗，我还真不知道。"在40岁左右时，我逐渐意识到这一点。外表越高傲，越容易受挫，表面上鼻孔朝上，实际上内心全是漏洞。比起知道的事，我们不知道的事更多。即使自己知道某些事，就用"你不知道吗"这样藐视对方的口吻，免不了让人觉得高傲、自大、不逊、狂妄、卖弄聪明、高高在上。

不过，拥有知识是件快乐的事，对知识怀有好奇心的人来说，现代社会就像快乐的天堂。

即使不去图书馆，不用问别人，也可以通过网络检索获取大量信息（是否正确另当别论）。我遇到不懂的问题就会立马搜索。不过，我一般都了解得宽泛而浅显，我也乐于钻研深入的知识，获取更多的乐趣。

如果只停留在知道的层面，不去实践，就容易陷入了解知识的乐趣和对信息的"暴饮暴食"中。为了提升自己，在关键时刻帮助别人，应该增加必要的知识储备，并将其转化为智慧帮助别人。

知识是为了让我们更好地生活下去。

不管什么事情都是如此，我们要注意不能一味地关注手段，反而忽视了最终的目的。

帮不上大忙，小小的支援也很好

很多人无法对他人的痛苦置之不理，想要为他们做些什么。

日本自平成十年从法律上认可助人为乐的团体，并在税收方面给予优待。此后，这种活动活跃起来。这些团体以自己的信念为基础，在行政部门顾及不到的地方开展爱心援助。

如果你响应志愿者招募，参加小小的志愿活动，就会发现这种活动颇具吸引力，它能提升人的品性、提高行动力，增进同伴之间的关系。于是，我也成立了团体，希望为更多人提供更细致的关怀。当志愿者的时候自己是一个人，只能为别人提供小小的帮助，成为志愿团体的负责人后，就能进行更大的支援。

为有困难、痛苦的人提供帮助的社会，是理想的社会。但是，并不是要求每个人都必须帮助别人。原本自己就身心疲惫，却想要去帮助别人，可能自己才是被帮助的对象。因此，没有必要想着做大的援助，小小的支援也很好。

如果提供帮助的人说："抱歉，只能为你提供小小的帮助，不值一提"，我们也应心存感激。

遇到难相处的人，保持内心的距离

除了日常工作和生活与人相处，我还要参加很多社会上的各种活动。与人相处的机会增加，遇到难以相处的人也多了起来。

当我觉得对方难以相处时，对方可能也有所觉察，结果使关系变得紧张。但是，我们不得不与这些难以相处的人交往。于是，烦恼、讨厌的日子增多，我开始思考怎样解决。

不仅仅是考虑对方的问题，更应该思考认为对方不好相处的自己应该做些什么。冥思苦想后，我发现并非是这个人本身难以相处，而是他身上的某种特质令人难以接受。

我想到"憎恨犯罪而不是憎恨人"这句话，这是我很久前就听过的说法。我想把这句话中的"犯罪"换成"我不认同的特质"，于是变成"讨厌我不认同的特质而不是人"。

难以相处的人（对我自己来说）具有的特质，其本质是什么呢？比如，不理解别人或不愿理解别人，心术不正，顽固呆板，对自己宽容而对别人严苛，该做的事不做，等等。

如果你说"我对那个人的某些特质难以接受"，这就是让你烦恼的地方。有可能你内心也潜藏着这种特质。当别人把这些特质展现在你面前，你能更敏感地察觉。

在现实生活中，我的应对办法是与难以相处的人保持一定的距离。我们只要把不好的特质放在远离自己内心的地方就好。

同时，我们要不断调整在他人看来我们自身存在的不好特质。如果自己意识不到的东西，也需要别人向我们展示出来。当你发现"啊，原来我也有令人难以接受的地方"，那么就把它视为改变自己的机会。

电话、微信、社交网站只是沟通工具

《上了一年级》（窗道夫作词，山本直纯作曲）是一首十分欢快的歌。歌词中"当了小学生，就能交到上百个朋友"的歌词，表达了孩子们想交朋友的愿望。一年级的孩子们一起吃饭，一起奔跑，一起欢笑歌唱。人与人之间不建立关系就会感到不安，这是因为人是社会性动物。俗话说："痛苦两人分担就会减半，快乐与人分享就会倍增。"朋友是人生的财富。

上中学时，我被"朋友是财富，所以请允许我贪婪地获取"这句名言感动，想要广交朋友。那时，我是个容易感觉孤独的人，我给能想起来的朋友一共寄出了500多封贺年卡。

实际上，认识的人未必都能成为朋友。微信或社交网站上交流的人，只是认识的人，有的甚至是朋友的朋友。

朋友的朋友，对你而言就是陌生人，他们不是不会背叛你的朋友，你也不是他们可以信赖的朋友。如果不明白这一点，就无法理解朋友的真正含义，被算不上朋友的人摆布、背叛、中伤，甚至受到伤害。

网上交流的朋友，在特定的事情上产生共鸣，看法相同，并不代表对方是值得信赖的朋友。更何况，即使是好朋友，也可能随着周围条件的变化而日渐疏远。如果过度在意，反而让这段关系成为自己的羁绊。

如果为了排遣寂寞而与过多的人建立连接，就是制造更多的"羁绊"，使自己的心灵失去自由。

你是否拥有一颗柔软且强大的内心，即使不与社交网站上的人产生牵绊，也能很好地生活下去呢？

少说"可是、不过、然而"这些否定表达

我有寄明信片的习惯,会在明信片上写上意味深长的话,希望给人留下好印象。

诸如"不要把幼稚当成年轻","不要用得失之类的词来衡量人生""余生,不是剩下的日子""没有比今天更年轻的时刻""没有自己会发光的宝石,每个人都是接收外部的光进行反射。但如果不打磨的话就不会发光"等等,这样类似的话我准备了 120 句。每年都有大约 500 张被寄到全国各地。

有个朋友看到这些句子后,说"名取先生所选的话,特别喜欢用否定句。"

听到这句话,我大吃一惊,发现果真如此。如上所述,我用的否定句确实很醒目。

否定句的表达很有冲击力，同时也有带刺的感觉。我知道肯定的表达更容易让人接受，所以对自己惯用否定句一时有些不知所措。类似的事情也发生在日常交流中。

肯定的表达固然好，但是常常脱口而出"可是、不过、然而"这些否定的连接词。所以，现实的情况与理想仍然有差距。

否定，一般用于表示做不了或者不能做的理由。还有一种情况，就是积极的人在接近理想状态的时候也会使用。现实就是这样，可是（不过、然而）应该这样才好。

那么，还是继续加油吧。这样的否定句也是很好的。

常用否定句的人，请将这些作为参考，积极地勇往直前吧。

处理感情和表情的方式

从记事起的三十多年来,经常有人问我:"你生气了吗?"对此我不能理解,家人回答说"主要是因为你总摆着一张臭脸"。

表情是心灵的窗户。快乐时欢笑,难过时表情痛苦,烦恼时表情阴沉,无聊时表情冷淡。

看看喜怒哀乐都写在脸上的小孩,就不难理解这一道理。大人也觉得坦率天真的孩子很好,因此常常笑而默许。

但是,在大人的世界里,如果不加修饰地表达感情,直白地表现出来,反而会让人敬而远之。或许,我们都非常羡慕小孩的天真。

大人表达感情的方式,能反映丰富的人性。

上车前电车门正好关闭。此时,一类人是自己满脸苦笑,让周围的人看到自己的窘况,另一类人却毫不在意。在与自己没有利害关系的地方，表现自己的喜怒哀乐，在他人看来是容易了解、结交的对象。

不过，如果对存在利害关系的人表现出明显的厌恶感，则不利于保持良好的人际关系。恋人或者夫妇如果想分手，只要连续三天说"我讨厌你"就可以，因为直白的表达在三天内足以破坏两人的关系。

如果在意人际关系，只要练习不让自己表现出明显的厌恶感就可以，不要简单地认为这是对自己的内心撒谎。

有句格言说："最好不要说谎，但是不说真话也没关系。"换句话说，不必对讨厌的人摆出笑脸，但也不要露出厌恶的表情。

与其在意人际关系的好坏，不如关注自己的好恶之心。试着主动去喜欢别人，人生会变得更加美好。

简朴的生活更轻松自在

我曾经问一个文学教授："如果让您去一个衣食无忧的无人岛，只能带一样东西，您会带什么？"

他的答案是三省堂发行的《新明解国语词典》。自那以后，我一直将这个词典放在自己触手可及的地方。

这本词典有独特的解说，比如【例行公事】（与研究、工作以及趣味、游玩等有意义的事情相反），社会上必须经过打交道才能产生效果的行为。

再如，【公仆】（不仅仅是行使权力），作为服务国民的人，是公务员的总称（不过，实际情况与理想大不相同）。

这个词典简直堪称神作。说到这里，去无人岛为什么要带它就不言自明了。

山下英子提倡断舍离，舍去不必要的物品，只留下自己喜欢和必需的物品。这在消费主义时代，看起来有些不可思议，但是生活中没有多余的物品，是不是更轻松自在。

相比拥有物质带来的满足感，极其简朴的生活更能让人体会精神的放松。所以，我觉得简朴的生活令人生更好。

其实，生活中我们需要的东西没有那么多。除必需品外，其他东西都是可有可无的。不妨经常整理你的物品，舍弃多余的物品吧。

只要明白一点，面对生活就不会出现大的问题，那就是如何安放内心。对待不同的人，佛教有八万四千种教义，可是对于一个人，完全不需要那么多。

在我看来，本书的核心有三个方面，分别是自我肯定、对事物的关心以及接受变化的心。你认为重要的东西，包括安放内心的方式，其实远比想象的少。

所以，我们不妨舍弃多余的东西，让人生变得更轻松美好。

不要承诺自己做不到的事

接到好友或者其父母去世的讣告,我赶去吊唁时一般都会说:"如果有能帮上忙的,您尽管说。"

对丧家来说,通宵守夜或赶赴葬礼,都是十分重要的活动。仅凭家里几个人,不足以全力应付,有时还要联系朋友,负责接待或致悼词。总之,有很多重要且琐碎的事情要处理。

做我能力范围内的事,如果能帮得上忙,回报对方之前的帮助,或者为别人分担些许忧愁,就可以。长期以来,我表示愿意帮忙时,都是怀着这样的想法。

除了葬礼外,接受别人的委托也是常有的事。如果没有办好,但仍然尽力了,可以说:"很抱歉没能给您帮上忙"以获得谅解。我们理解别人,反过来别人也会理解我们,这是人之常情。

问题在于过度自信的保证。自己本来没有做过，最好不要轻易说"放心交给我来做"这样的话。

我曾经做过类似的保证，结果导致很多个夜晚辗转反侧，难以入眠。最终还是给别人带来麻烦，即使事情办完，也丝毫没有成就感。心中只剩下过度自信应承后对自己无能的厌恶感，以及给别人添麻烦带来的负罪感。

还有一种危险，就是为了彰显自我，这包含自我吹嘘和炫耀的成分。这种情况往往不是为了帮助别人，主要是彰显自己。周围的人通常会敏锐地觉察到这一点，可能会与其保持距离，或者干脆断绝往来。

幸运的是，我没有做出过类似的应承，也没有被别人孤立。为了显示自我而做出承诺，往往会失去更多朋友。

因此，在应承某事之前，不管是真心想帮上忙，报答恩情或过度自信，都要敢于说："让我好好想一想。"

无须非要分出是非黑白

我们习惯于以二元论思维简单地理解各种事情，结果陷入迷惘、烦恼中。

世界上没有胜利，也没有失败。在赛场上经常听到"赢了技术，输了比赛"这句话，同样战争中也没有真正的胜者。

认为有胜利就有失败的人，一心想着胜利而唯恐失败。这样赢了会骄傲，失败则憎恨对方。不管怎样，内心都无法平静。

损与得、正与错、善与恶是同样的道理。如何区分，因时因事而不同，因人而异。即使你觉得现在自己是吃亏的、正确的、善良的，但随着时代、价值观和地域发生变化，结论也可能会反转过来。

拿身边的例子来说，从学生变成社会人士，从单身步入婚姻，从结婚到离异，本来健康却生病，战胜疾病后恢复健康……这些变化总能让我们双手托腮陷入沉思："什么是正确的，什么是错误的？"

从对与错的对立概念中走出来，其实对任何事情都不必过于在意。

二元论创造出"黑与白"的对立，理解起来十分容易。但是，请不要养成这样的思维方式，生活才能更轻松。

换个说法，就能改变人际关系

无论是同事还是或朋友，肯定有人习惯凶巴巴地说话。

他们可能想吵架，或是想通过贬低他人来抬高自己，或是为了凸显自己的存在？不管出于何种原因，我都觉得很奇怪。成为他们的攻击对象，心情肯定不会愉悦，如果针对别人，自己在场的话，心情无法平静。

喜欢攻击别人的人，就像"弱犬喜欢常吠"，因为担心遭受攻击而先恐吓别人，其实内心脆弱不堪。

遇到这种情况，我常会告诉大家："没必要那么害怕，这些人并不想伤害你"，来安慰他们。

如果认为对方是在向自己寻衅，那么不妨表现出"我不奉陪"的态度。

具体方式，可以试着把话题转向无关的话题，这样对方也就失去斗争的意图。

对于待人刻薄以显示自己高明的人，要提醒他注意：要不照照镜子，你太傲慢了。

还有一种情况，虽然是为他人着想，但却给人留下了苛刻的印象。这就是表达方式的问题。

对此，我们不妨先接受对方的说法，告诉他："非常感谢您的忠告。"由于对方收到了我们的感谢，下次见面时就会敞开温暖的心扉。这时，我们还可以笑着说："这段时间真是谢谢您，您的话虽然有些严厉，但令人受益匪浅。"

比较麻烦的是，对方原本就不怀好意。如果是这样的话，尽可能对其敬而远之，让对方觉察到自己的疏离。

这些应对方法目的都在于使自己内心保持平静，不泛起涟漪，同时这也能使别人的情绪稳定下来。

来自"失恋名人"的劝告

因为爱常常伴随着恨,爱与恨其实都源于执着"我的东西"。

一旦执着就害怕失去,进而产生嫉妒这种不平衡的心理。

不管怎样,爱往往让内心无法保持平静,所以要特别留意。

我们都渴望无条件的爱,无条件的爱是世间最美好的爱。然而,很多人因爱生苦。比如,有的人长时间走不出失恋的阴霾,有的人在爱人去世后失去对生活的热忱。

我在上大学之前是位"失恋名人"。高中时,我曾因失恋剃了光头。与女生失恋后改变发型一样,我希望与之前的自己告别。这好比乘坐时光机,站在以前的自己面前,一边摸着剃好的光头一边笑着说:"好啦好啦,与喜欢的人分手,日子也会风平浪静。"

喜欢与爱都是伟大的。即使有恨有别离,即使不舍而撕心裂肺般痛苦,只要不因此放弃自己,这段经历就能丰富你的人生。

爱本身就蕴含着残酷。因为爱而不想恨、不想痛苦、不想受委屈,就像君子不近危,所以没有必要逃避。做好分手、背叛和占有欲等痛苦的心理准备,然后培养内心更多的爱。

第六章
好好活在此时、此地

现在的选择影响未来的生活

不管大事或小事，我们几乎每天都面临二选一的问题。

小到穿衣服，在两件之间纠结；阴天带伞还是不带伞；今天要不要向别人表达谢意或歉意；午餐是选 A 套餐还是做 B 套餐……

至于大事，和这个人结婚还是分手，离婚还是将就；辞职还是努力工作；重病时接受延长生命的措施，还是放弃；选择在脑死亡后是否捐献器官……

上面大多数问题没有正确答案。也许可以两者都不选择，但实际情况总要选择一个。我一旦选定这个，就会决心忘记另一个。已经舍弃的东西，即使留恋也无济于事。

有些人点完餐后，看到旁边桌上可口的饭菜时有些后悔："也许别人点的好。"心想要是点那道菜就好啦，可现在想也没有用，并且对你点的饭菜也是一种失礼的想法。如果你确实喜欢邻桌的菜肴，不如留在下次一饱口福。不要后悔这次的选择，学会在下次好好享用。

对于二选一的问题，我通常会选择当前的必选项。简而言之，在时间、地点等因素不变的情况下，优先考虑选择哪一个才不会误事。

当然，如果是非必需品，不要被"限量生产""限时购买"等宣传语所迷惑，而购买不需要的东西。

举棋不定时，还有一种办法，就是扪心自问哪个选择对自己更好。不是随意选择，而要相信选择的价值。购买物品时，产品相同优先选价格便宜的，不过价格便宜也不是唯一的购买条件。

不管面临的选择是什么，已经做出的选择就是正确的，让自己向前看就好。如果在意没有选择的东西，不但辜负了既有的选择，还会被过去牢牢束缚。带着你现在的选择，笃定地迈向未来吧。

没有一天是白白度过的

经常有人问我每天都做什么。在他们看来，我不从事生产工作赚钱，没什么必须操持的事务。这样的疑问，在旁人看来理所当然。

顺便一提，写这篇文章的今天，我也没有特别的事情要做。由于家里四人都外出，我不得不待在寺里。我接了10通电话，有3个人前来上香，有一组人来商量法事。此外，还要发邮件沟通发行杂志的事宜，抄写经文，洗衣物，撰写书稿，等等。这样看来，除了撰写原稿，我一天几乎没有实质性产出。

这样的生活日复一日，我会这样回答他们的疑惑："我的生活每天都是星期天。"即便是这样的生活，我每天都有收获。每一天的生活体验，都被我记录在主页的博客上。或许有人觉得我过于自恋，而我想告诉大家的是，我们不能毫无觉知地度过每一天。也就是说，我想让大家意识到："我今天感知到了这些，你有什么体验？"

当你调动自己的感知能力，即使一天没有任何产出，也会感到充实。认识到这一点，每天不仅不会空虚，还会过得非常有意义。这一天过得如何，不妨在大脑里回忆一下，从起床后到见第一个人之前的感受和体验开始。写成文字，可能是这样：

早上打开窗户，室内闷闷的空气随之飘出，外面的新鲜空气跑进室内，我的内心随之满怀感激。

今天，我的博客写下如下的感受：爱人出门，我负责把洗好的衣服收进屋子。夏日日光便于晾晒，但有六个晾衣钩缺了半边。阳光直射材质容易坏，残缺的挂钩不容易挂衣服，想必爱人挂衣服的时候很不容易吧。我悄悄更换了六个残缺的挂衣钩，爱人一定不会注意到。或许爱人平时默默做了很多事，我都没注意到。今天我这么做，算是对爱人的感谢。这是夏日傍晚发生的事。

你不妨也试着把你的感想写入每天的日记中。

闷闷不乐也不会改变结果

有句形容潇洒的江户男儿的话："江户男儿,像五月的鲤鱼幡,嘴硬,但肠子空空。"意思是江户人虽然嘴巴不饶人,但心事永远不会藏在心里。我工作的地方,位于东京东部边上的江户川区,年纪大的人都会笑那些闷闷不乐或做事拖泥带水的人:"那样肠子会腐烂。"

另一句话,形容气度超群的江户男儿:"不带隔夜钱。"江户时代,木质房子十分密集,一旦发生火灾,就会迅速蔓延至大街小巷。当时没有保险箱,对于明天可能被火烧掉的钱财,他们宁愿当天花掉。

无论前者还是后者,他们有一个共同点就是豁达。豁达的人,面对自己意志无法改变的情况时,会尽自己所能做好。

这与中国胡寅在《读史管见》中所讲的"尽人事而待天命"是一个道理。

自己尽全力做好某件事，结果听天由命，然后立即投入到下一件事中。

首先做好自己应该做的事，该做的事不做，一味等待天命的到来，就像完全依赖于占卜。

我们不能等待天命的到来，而应先自我磨炼，能做的事尽量去做。

如果努力了仍不能突破，尽了自己的全力，心里也没有遗憾。

做好应该做的事，做完后就放下，这样的人生才充实。这种充实感，能带领你走向正确的道路。

闷闷不乐不能改变结果。明天有明天的微风，伴随着明日的清风，让我们一起潇洒地向前走吧。

轮到你上场的那天总会到来

成就一件事,伴随而来相应的名誉,就是"功成名就"。类似的说法还有"虎死留皮,人死留名。"

从战国到江户时代,为了不知因何发生的战争,武士们平日坚持练习武道。即使没有战争,自己一身技艺无处施展,他们也不放弃。

换句话说,他们都在追求高度的自我评价,想过有意义的人生。

然而,普通人更容易依赖他人的评价,而非自我肯定。

这种意识,也许从婴儿时期开始产生。还没长牙的婴儿露出笑脸,大人们的喜悦之情溢于言表。从爬到站,从站到走,孩子在成长过程中若能符合父母的期待,对孩子来说是件好事。

进入学校后，学习、运动、兴趣、朋友等作为评价的标准，受到大人们的关注。哪件事被表扬或对别人有帮助，孩子便觉得有意义。

电视或者报纸会选取部分"功成名就"的人做成特集。节目、特集由于策划的不同，被关注的人也不同。如果我是电视台总监，我会拍摄一个到处都是优秀的人的特辑，每天精心准备便当的人，每天面带笑容问候他人的人等等。

在敬老会上，擅长电脑的人颇受欢迎；懂插花的人，在私人聚会上易赢得好感。

现在这个时代，我们遇到各种各样的事情，无论出于兴趣还是其他原因，只要努力去做，就有很多能为别人帮上忙的机会。

如果懂得自我认同，觉得"不出人头地也没关系"而精进不已，这才是人生的真谛。

探寻乐趣与好东西

有个男员工,每天工作十分忙碌,神经紧绷到经常生病,对工作满腹牢骚。

这个员工退休时,健康管理部门负责他健康的护士为他感到高兴,认为他今后就能做自己喜欢的事啦。

第二天,护士却碰到他来上班,她惊讶地问:"咦,怎么回事,是忘记拿东西了吗?"原来这个人接受了减薪的条件,被返聘回来上班。

到了退休年龄却依然工作的人常会说:"为了生活,我还必须工作",或者"待在家里也没什么可做的。"如果觉得工作有价值,这么做理所当然。可是,如果只是为工资而工作的人,我希望他们能发现工作之外的意义。

不仅仅是退休的人,很多人不知道自己想做什么,能做什么,甚至放弃选择,在工作上竭尽全力,甚至连休息日都在打拼，这样的人不在少数。

对于喜欢的事物、美好的事物，如果不亲自探索，很难发现。自己主动探索，就能打开好奇心的天线，接收天线传递出的不可思议的体验。

虽然我这样说，但我也没有什么特别的爱好。如果有人问"你的兴趣是什么"，我会说"画地藏菩萨画像""读书"或者"写文章"。对方反问："那应该不算兴趣爱好吧。"

如果这些不算兴趣，那我可以称得上是兴趣的，一个也没有。这样人生该多么无聊呀。可是，我偏偏过得很快乐。因为我意识到，仅仅活着本身就很有趣。

如果被为了赚钱的工作驱动人生，在死亡临近时往往会感叹："人生多么无趣呀。"从现在开始，让我们主动寻找喜欢的事，不妨从吸引你的事物开始吧。

成为一只"成熟"的变色龙

有人因为担心被别人讨厌，故意做出迎合他人的言行。在幼年时期，这样做是没有办法，因为小孩被大人（父母）讨厌的话，将无法生存下去。

只要被别人喜欢，就能安心地活下去。可是，有些人即使长大了，仍然改变不了这样的习惯，总想要迎合对方。

我曾经听过这样一个故事。他是电视台和广播上的评论家，通常见导演时会问："今天我是赞成，还是反对呢？"如果是艺人，这样问无可厚非。

当时，场上的主持人听到后非常气愤，便说："我不需要你，你回去吧。"对这位既没有原则，又没有立场，像艺人一样的评论家，主持人感到气愤和惊讶是理所当然的吧。

这种人不仅存在于传媒行业，我们身边也有。根据周围的情况适应他人来明哲保身，就像变色龙一样。根据周围的环境改变颜色，不知不觉就忘记了自己真实的底色，迷失自我。

当然，有一些工作需要配合周围的人，那就做好自己该做的事。

像变色龙一样灵活切换自己的角色，关键在于他们知道自己真正要做什么，自己的原则是什么。

多个人向着同一目标努力时，只要自己想实现目标，就需要与别人协同配合。

抱有坚定的意志，知道自己应该做什么事情的变色龙也是很好的。

但是，为了不被别人讨厌，或者过于在意周围人的反应，那说明这个人从幼儿时期就没有成长。如果周围有这样的人，不妨告诉他说："试着成为一只成熟的变色龙。"

赶流行不是坏事，只是……

我即使买东西也会选择既定的带回去。这样的生活日复一日，渐渐对社会上流行的事物感知迟钝。

儿女们穿着奇装异服，佩戴奇怪东西，我不禁感叹："穿戴怎么这么差劲。"他们反而惊讶地说："您不知道现在流行什么吗？"我不甘心地说："再怎么流行，我也没有理由要知道。"我并不想赶流行，因为这样容易让人产生烦恼。

有一次，公立小学邀请我去做演讲。因为我对流行的事物非常迟钝，常常穿着10年前买的外套与裤子，家人都说："现在穿这个，小心被别人取笑呀。"

虽然我并不在意别人是否取笑我，是否关注我的服装，但我不想给听众带来不必要的刺激。于是，我听取了代表广大群众的家人的建议。

在滑板车流行的时候，我打算蹬着滑板车出去，家人却说："这不是胡闹吗"，结果不得不放弃这个挑战。

作家五木宽之曾说过："对流行敏感，仿佛是感受时代最前沿的清风。"听到这句话，我倒是觉得感受这种流行，并不是什么坏事。

为了活出自己，接受最前沿的流行并非坏事，就像心灵需要吸收新鲜的空气。不过，盲目追求流行，可能会变得和别人一样。

为了不被流行牵着鼻子走，把重点放在自己身上，然后好好地感受时代的清风，怀着一颗欢乐的心不断前行。

夫妻和睦的秘诀在于"共同经历"

夫妻本是陌路人。他们的成长经历不同，两人在相处的一生中会历经诸多磨合与妥协。要想在去世前说出："很高兴与你成为夫妻"，两个人在生活中就要不断磨合。

我认为，婚姻是慢慢培养为对方着想、尊敬对方、感谢对方的心。我经常对妻子说"抱歉呀"之类的话。

我25岁结婚，如今年过50，对我而言至关重要的就是我的回忆。回忆是想到和谁一起做什么，包括与父母兄弟的回忆、与朋友的回忆、与恋人的回忆……即便有的回忆令人难过，但在同一时间、同一地点的共同经历，让我们之间的感情更亲密、更牢固。

因此，拥有良好夫妻关系的秘诀就是共同经历，"两人一起"是关键。

去同一个地方，看同样的东西，听同样的故事，吃同样的食物，增加此前没有的经历。之后回忆起来，说起"那时候如何如何"，两人之间有很多可以交流的事情。

在众多的人际关系，夫妻是拥有共同经历最美好的关系。

早点发现"上了年纪"的好处

我与老年人接触的机会很多。交谈时他们常说："我最近总是健忘,皱纹增多,浑身疼痛,上了年纪真是令人讨厌啊。"这样的话,我一年大概会听到30次。如果我回答说:"是呀,真麻烦",我内心也并不舒服。不管怎样,我每天也在变老,等上了年纪,岂不是每天都要在烦恼的心态下度过?

于是,我便问他们:"您可千万别让我失去对年老后的期待,因为我总有老的那一天呀。您作为人生前辈,我想请教您,上了年纪后有什么好处呢?"

如今我56岁,倒没觉得上年纪是件糟糕的事情。我虽然不能拎重物,牙齿也拔了,但我告诉自己"不用拎重物,只拎可以拎得动的东西","我还可以品尝各种美味,此前交给牙齿的味感现在由舌头体验。"年纪增长后,我也变得更宽容了,由于经历了无数的失败,对挫折也能坦然面对。因此，上年纪本是极为平常的事。

当我问他们年老之后的好处时，他们往往陷入沉思不能立即回复。可见，他们平时并没有思考这一点。

有一个老人曾回答说："自己可以支配的时间增加了"，然后笑着告诉我："纵然时间充裕，身体却力不从心呀。"也就是说，他依然讨厌上年纪这件事。

因此，很多人为了保持年轻而增强运动，吃健康食品或使用化妆品。换个方式思考，为了保持年轻而做的努力，不也是上年纪的一件好事吗？为了改变自己而努力，我觉得是一件美好的事。

所以，大家在说讨厌变老之前，不妨先去发现变老的优点。

或许你的周围有很多人抱怨"不想变老"，他们是你的反面教材，可以帮你发现变老的好处。

做自己认为对的事情

从出生到毕业,我们都是在父母、大人夸奖(真有礼貌,真乖)或批评(那件事不能做)下长大的。

进入学校,老师也会对我们做出评价。走向社会后,根据每个人能力不同,评价、工资、工作也都会有所不同。

不同的人会被给予不同的评价,比如温柔、乐观、享乐、努力等。像这样,无论喜不喜欢,我们的人生大部分时间都会受到周围人的评价。

不知不觉,我们开始为了得到好评而努力。然而,为了得到好评而努力真的很辛苦,与其为了再次获得好评不断努力,不如学习在他人的评价下也能心情舒畅地生活下去。

换句话说,与其被表扬或者肯定"束缚",不如活得安心自如。

每个人有各自不同的评价标准，想法各不相同，地域和时代也有所差异，评价当然千差万别，五花八门。温柔的人，在周围人看来可能过于柔和，严厉不足；乐观的人可能被评价为不知悲悯，过于浅薄；享乐者可能被认为是慢性子的笨蛋，无法把握紧急的事态；努力的人可能被批评是能力至上主义者。

追求简单的生活至为重要，但是如果周围人给予我们偏颇的评价，最好尽量避免受其影响。

不要被周围的评价左右，勇敢去做自己应该做的事。

人生的"预防医学"

江户中后期的著名文人、狂歌大师田南畝，又名蜀山人。他在 75 岁时走路不慎摔倒，之后卧床不起。有一天，他趁医生靠近时问："我病情怎么样？"；医生露出为难的表情，告诉他："这次可能好不了。"听到这话，他心里一惊，留下辞世之作。平时我们总认为死亡是别人的事，当自己面对死亡时该如何泰然处之呢？

我们对不同事物会以自己（第一人称）、身边的人（第二人称）以及他人（第三人称）加以区分。他人死亡与亲近的人死亡带给我们的感受不同，自己面对死亡与前两者更是大相径庭。

在年轻健康的时候，我几乎不会思考疾病、衰老等发生在自己身上。

预防医学就像在遇到困难之前先将问题解决好。所以，在年轻健康的时候，就要思考关于疾病、衰老的问题。

"衰老"是出生后经过岁月洗礼,在肉体、精神上的改变。我的岳母曾说:"我从30岁开始,就不再增岁啦。"这说明她更注重精神上的年龄。

肉体的衰老在某种程度上可以通过努力延缓,但没有乳霜和营养品可以让青春永驻。色斑、皱纹、老花眼和关节痛,都是这辈子努力生活的勋章和证明。精神上的衰老与成熟是同义词,意味着能体会年轻时体验不到的人生况味,也是岁月累积的美好。

如果我们用第三人称进行思考,可能会觉得上了年纪真麻烦;如果用第二人称,可能会觉得上了年纪真可怜。但是,往往难以接受自己日渐衰老。

我们不妨询问身边的老人,上了年纪后有什么好处。无论对方的回答是好是坏,对我们来说都值得参考。

不管好事还是坏事，总有一天会结束

好事与坏事都不会永远持续下去，甚至不存在绝对好或坏的事情。

任何事情都是由很多因素构成的，这些因素随着时间而变化，结果自然随之变化。比如，吃饭是由食材、调料、食器、厨师、食者、空腹感等因素集合而成。若缺少一个因素，吃饭这件事就无法完成。

此外，吃饭本身无好坏之分。对于营养不足或饥饿的人来说，吃饭是好事；而对于正在减肥的人来说，饭就是引诱自己的食品。

美食不会永远是美食。无论花费多少心思做的美食，对一个酒足饭饱的人来说，也没什么食欲。相反，我们觉得不好吃的东西，可能去了另一家店反而觉得美味。

工作与恋爱也是同样的道理，本身没有好坏之分。工作顺利进行对你而言是好事，但在其他公司员工看来，你为公司赚钱对他们而言不是好事。恋爱也一样，甜蜜的爱情荷尔蒙只能持续几年，失恋的痛苦也不会永远让人烦恼，人生还会开启新的恋情。

为什么好事坏事都不能持久？就像前面所说，因为好事坏事都是由很多因素构成，其中最关键的就是时间。

其次，是人内心感受的变化。昨天认为是这样，今天可能就会发生变化。经济或灾害等社会变化，可能会引起我们内心巨大的改变。

因此，我经常告诉自己，世间无论好事坏事不会永恒不变。特别是遇到糟糕的事情，我就会想一周后我可能笑脸盈盈、半年后可能会笑着讲给别人听、三年后怀念这样的事曾经发生。

总之，世间的一切事，都随着因素的变化而变化。

每个人都是值得尊敬的"作品"

任何东西都可以被视为一件作品。智能手机、书、绘画、建筑、地球以及你的一生,都是一件件作品。

在这个作品完成之前,需要做大量的准备工作。

以智能手机为例,从电话机的发明,到液晶屏、集成电路、通信技术等,众多震惊于世的科学技术奠定了智能手机的基础。包括外观设计,设计图纸可能几经修改。经过这些过程,智能手机才以"作品"的形式呈现在我们面前。

我们手中的书,最开始可能由笔记发展而来。从最初的原稿到三次校对,然后经过编辑整理最终定稿。印刷后,流转到我们手中。

绘画也一样。草稿几经修改、上色,调整色调才形成作品。作品成形,草稿也就看不到了。

建筑是同样的道理，从外观上看不到基础材料、地基、柱子等重要的组成部分。

地球是宇宙经过 90 亿年创造出来的作品，地球本身经过了 45 亿 5000 万年才形成今天的样子。

你现在的人生，是过去大量准备形成的作品。你至今所做的一切以及尚未做的一切，都在构成你今生的作品。

你今后要做的或不做的事情，直接体现在将来的你这一作品中。

这样看来，任何物品、任何事物都可以视为大量因素构成的集合体。就像书和绘画不会留下草稿一样，如果只看当前，你就不会发现支撑你的重要部分。如果想发现对自己起重要作用的事情，可以通过写日记的方式，这样被忽略的重要东西就会呈现出来。

在沟通时，思考他人言行举止的基础，也有助于培养同理心，让人生变得轻松且有深度。

如何面对与重要的人分别

这是关于重要的人离世后,我与别人的一段对话(别人用A,我用B表示)。

B:每个人都会经历重要的人离世的痛苦。自己总有一天也会面对死亡。

A:是呀,重要的人离世,光是想想就很悲伤。

B:是的。我想问一句,你是否去过墓地?

A:去过。

B:在墓前,你会想什么?会不会想着和去世的人对话?

A:嗯。我一般双手合十,说:"有您才有我的今天,请您安息,今后也请多保佑我。"

B:这么说来,你不认为人死之后就归于"无"?

A:不,这不是人死后变成"无"的问题,我认为人死了就结束了。

B:结束?就像那个人主演的电影结束了吗?

A：感觉就是这样。

B：如果结束了，是不是无法直接与那个人相见，也不能跟他说话了？

A：是啊。

B：那么在墓前，你向往生者汇报自己的近况并许愿，就是不认为人死后就结束了。那时，你认为逝者还存在。

A：你说的确实如此，但实际上还是不能与他见面、交谈。

B：真伤心呀。

A：是呀，很伤心。

B：不过，终有一天你也会面对死亡，前往逝者去的地方。如果这么想，何不抱着另一种心情呢？在日常生活中，我们常常说"再会"，带着一种满怀期待的心情与人告别。因此，面对逝者，我们不妨也这么想。

不要妄想将来

将来就是"即将来到",未来则是"还没有来"。这两个词的共同之处在于,人们对将要到来的事情充满期待,并且难以预料。

将来是一种马上就来的预感。与此相对,未来更侧重还没有到来,即使想也毫无办法。

词典对"将来"的解释是"表示今后即将要来,相较未来更接近于现在。"确实如此,比如日语里常用"他将来会快乐",但不说"他未来会快乐"。

在无意中,我们对将来和未来在时间上微妙的区别做出判断。

今后,等待我们的人生谁也无法预知。有的人因未知而深感不安,有的人因未知而觉得趣味盎然。

我属于后者。因为面对未知，我想知道自己到时会如何应对，即使无法应对，也能笑着对自己说："还要加油呀"！

吉田兼好在《徒然草》中写道："世间正因不确定而妙不可言"，倒颇能表现世间的无常。

有的人一想到眼前会发生什么便充满干劲儿，但也有人因此感到惧怕。我属于后者，所以难以适从，局促不安。于是，不断力求完善自己。

对将来或未来的想象，有时是梦想，有时则是妄想，从而过分苛求自己。梦想与妄想的界线十分模糊。

在现实基础上有梦想，只要精进努力就可以。不要无视现实的痴梦或妄想，而是抱有希望和愿望。

不听取别人的经验，自己固执己见，完全对别人的意见充耳不闻，这就是妄想。

对未来充满期待是好事，但切勿妄想。

中国古典中的"失败学"

有个故事叫"刻舟求剑",讲的是一个楚国人在乘船期间发生的故事。船行至水中央时,他的剑突然掉进水里。慌忙之间,这个人在船舷上留下印记。此时,船夫感到十分惊讶,问他此举意欲何为。他回答说:"我的剑由此处落水,因此留印记以便寻找。"船靠岸后,这个人就按照所刻印记下水找剑。

剑落入水中,剑不移动但船却一直前行。停船靠岸之后再去找剑的踪影,可见这是个不知变通的人。

"不知变通"是我的译法,原文用了一个"惑"字。按照汉日字典中的解释:"所谓惑,就是困锁在狭小的空间而丧失清晰的判断,即思维狭隘。"

在很多人看来,这个故事最大的启发在于要关注事物的发展变化,避免因循守旧。

然而，依我所见，这样的理解似乎有点偏颇。

诚然，这个人在剑落水的地方刻上记号，并死守这一条。船靠岸时，刻着记号的地方当然无剑可找。

他要做的是，在剑落水的时候，看看周围的景色，通过这个树和那个桩之间的延长线，来判断此处距离岸边有多远。明白了这一点，找剑应该就不难。

就像楚人在船上刻记号那样，如果你将此前不当的想法刻在心里，那也毫无意义。舟行不止，时间流转，周围的状况无时无刻不在发生改变。

因此，记住此次失败，下一次它就可能引你走向成功的方向。如果有人觉得成功与幸福之剑已经落入人生之河，那么就请好好参考"刻舟求剑"这个故事，以应不测。

不在意并非"不关心"

昭和四十五年（1970）前后曾流行"三无主义"。这一词汇指的是昭和三十年（1955）左右出生的年轻人（我正好生于1958年）。其中，"三无"是指无气力、无关心、无责任。当时，我发现自己原来也是其中一员。不过，我并没有多想，也并不在意。这种情况一直持续到而立之年。

关于时代背景相似的话题，就交给社会学家去分析。处在经济持续高速增长无望的今天，无气力、无关心、无责任的"三无"人士又开始增多。

"把干劲儿都拿出来吧？""好累啊……"

"对各种事物多一点关心""关心又能怎样？"

"再多一点责任心可以吗？""为什么只要我负责任？"

如果没有明确的目标就没有动力。躲在自己的躯壳中，置身事外的状态还会持续下去。如果把责任推卸给别人，也许会变成不负责任的人。

但是，这样的话你就不知道人为什么活着。其实，换一种看法，就会发现我们周围充满美好的事物。"三无"人士就像准备好了丰富的食材，却不关心食材的用途，最后做了一堆倒人胃口的饭菜，实在太可惜了。

幸运的是，我身边有许多对生活中的事物满怀关心且充满活力的人，他们的生活总是鲜活而有趣。因此，我也努力去关心周遭的事物。

如今，我也有有气无力的时候，也会被批评无责任感，但只要适当关心，自己的内心就会被激活，生活再次充满乐趣。

不关心寒暑与不在意寒暑是两码事，不关心不等于不在意。排斥外面的世界就是不关心，不排斥外面的世界变化，坦然接受就是不在意。不在意也没关系，只要不变成不关心就好。

遇事绝不可为难自己，
过于逞强，心容易碎掉，
请多给自己一点时间，
　与自己的内心相处，
让真实的自己慢慢成长，
一切都会都会慢慢变好。